考拉旅行 乐游全球

■说走就走的旅行 有我,就是这么简单! ■一书在手,畅游无忧

THAILAND GUIDE
畅游泰国
就这本超棒!

总策划 黄金山
《畅游泰国》编辑部 编著

华夏出版社
HUAXIA PUBLISHING HOUSE

目录 CONTENTS
畅游泰国 THAILAND

LOOK!泰国!	008
泰国面孔!	009
TIPS!泰国!	012
GO!泰国交通!	017
速报!泰国10大人气好玩旅游热地!	018
美食!曼谷10大人气魅力平民餐馆!	021
带回家!特色伴手好礼!	023
超IN!泰国4天3夜!	025

1 曼谷   028

大皇宫	034
卧佛寺	039
王宫广场	040
泰国国家博物馆	040
郑王庙	041
城市之柱	041
国家剧院	042
国家艺廊	042
秋千寺	043
大理石寺	043
维曼默宫	044
皇家船坞	044
英塔威韩寺	045
杜喜宫	045
民主纪念碑	046
帕拉苏门古碉堡	046
Sunset Bar Garden&Restaurant	047
Tm Yum Kung	047
Khinlom Chom Sa Phan	048
Mango Lagoon	048
金佛寺	049
Sirocco	049
Bug&Bee the Café with a Buzz	050
中国城	050
曼谷中央火车站	051
恩记苦茶店	051
林真香	052
露天美食街	052
桑仑夜市	053
Paulaner Beer Garten	053
Naatayasala Hun Lakorn Lek	054
帕蓬夜市	054
札都甲周末市集	055
昭披耶河	056
印度庙	057
Sphinx	057
席隆村	058
Aldo's Mediterranean Bistro and Wine Bar	059
爱乐威四面佛	059
Blue Elephant Royal Thai Cuisine	060
建兴酒家	060
苏坤蔚路	061
缤纷暹罗剧场	062
胜利纪念碑	063
沙阁寺	063
泰国旧国会大厦	064
金·汤普逊之家	064
麒麟餐厅	065
大城	065

Benchasiri公园	082
帕空市场	083
On Nut Square夜市	083
曼谷天文馆	084
象神夜市	084
贼仔市场	085
龙莲禅院	085

❷ 芭提雅　　　086

帕司山碧佛寺	066
大城国家博物馆	066
拉嘉布拉那寺	067
亚柴蒙考寺	067
挽巴茵夏宫	068
三保公寺	069
Safari World	069
蒙坤巫碧寺	070
洛布里	071
帕玛哈泰寺	072
柴瓦塔娜兰寺	073
Sukhumvit House Number 1	073
搞鬼商场	074
歌杰岛水上市场	074
瑞士丽凯皇酒店	075
曼谷水上集市（丹嫩沙多水上市场）	075
考山路	076
乍都乍周末市场	077
Baiyoke Sky Hotel	078
伦披尼公园	078
克立博物馆	079
扎都甲公园	079
班翁尼文寺	080
Union Mall	080
白菜园宫殿	081
三面神	081
水门市场	082

芭提雅	090
七珍佛山	091
Khao Kheow Open Zoo	091
信不信由你乐园	092
芭提雅文化主题乐园	092
东芭热带植物园	093
迷你暹罗园	094
沙美岛	095
真理寺	096
东芭乐园	096
乔木提恩海滩	097
蒂芬尼剧院	098
云石公园	099
龙虎园	100
罗永府	100
芭提雅四方水上市场	101
金沙岛	101

❸ 清迈　　　102

三王雕像	108
松达寺	109
隆圣骨寺	110
双龙寺	111
蒲屏宫	112
清迈艺术文化中心	112
皇太后行宫	113

皇太后花园	113
苗族村	114
兰花园	114
清迈动物园	115
清迈夜间动物园	115
湄沙大象训练学校	116
茵他侬山国家公园	116
Khum Khantoke	117
The Gallary Art&Restaurant	117
Central Airport Plaza	118
假日市集	118
银器工厂	119
博桑雨伞制作中心	119
清迈夜市	120
Anantara Resort Golden Triangle	120
文华东方度假酒店	121
素贴山	122
清迈大学	123
帕辛寺	123
清曼寺	124
宁曼路	125
塔佩门	125
布帕兰寺	126
湄平河	127
悟孟寺	127

4 普吉岛 128

普吉岛	134
普吉镇	135
皇帝岛	136
查龙寺	137
珊瑚岛	138
西瑞岛	138
幻多奇乐园	139
卡隆海滩	140
卡塔海滩	141
拉威海滩	142
卡马拉海滩	143
芭东海滩	144
攀牙湾	145
芭东夜市	145
芭东佛寺	146
斯里纳斯国家海洋公园	146
栲帕吊国家公园	147
Indigo Peral	147
普吉山	148
神仙半岛	148
皮皮岛	149
普吉西蒙人妖秀	150
江西冷	150
好先生的海鲜	151
周末市场	151
斯米兰群岛	152
长岛	153

5 苏梅岛 154

查武恩海滩	160
拉迈海滩	161
祖父祖母石	162
大佛海滩	162
涛岛	163
帕雅寺	164
波菩海滩	165
那通镇	166
邦考海滩	166
纳挽瀑布和欣拉瀑布	167
恰莫海滩	168
安通国家海洋公园	169
南园岛	170
帕安岛	171
Zazen Boutique Resort&Spa	172
苏梅岛四季度假村	173

6 董里　174

帕克蒙海滩	178
那柯岛	178
里嗙岛	179
牙岛	179
素崆岛	180
玛岛、翠岛和丸岛	180
柯拉丹岛	181
红岩和紫岩	182
嗒努奥岛	182
涝莨岛	183

7 泰国其他地区　184

爱与希望之宫	186
华欣火车站	187
华欣夜市	187
拷汪宫	188
康卡沾国家公园	189
郜穴	189
赵参兰海滨	190
拷龙穴	190
帕亚那空山洞	191
三百峰国家公园	191
玛雅海湾	192
竹子岛	193
通赛湾	194
蚊子岛	195
蓝通海滩	195
维京洞穴	196
罗达拉木湾	196
奥南海滩	197
莱雷海滩	198
诺帕拉塔拉国家公园	198
兰达岛	199
甲米镇	200
虎穴庙	201
高番本查国家公园	201
宋卡国立博物馆	202
单卜哥云国家公园	203
Ko Yo岛	203
汀那苏拉农桥	204
撒米拉海滩	204
合艾	205
素可泰遗迹公园	206
宋卡洛瓷器研究和收藏中心	207
阿卡与长颈村	207
席撒查那来遗迹公园	208
鸦片文史馆	208
宋卡湖	209
美斯乐村	210
大象岛	212
卓旁通寺	212
沙攀辛寺	213
兰坎亨国家博物馆	213

索引　214

出游需要个好帮手

《畅游世界》系列图书即将付梓，编者嘱我写序。我曾经从事旅游出版工作十余年，对旅游图书有些感觉，在这里谈一点感言，权作交差吧。

人生数十载，不外乎上学、工作、生活三部分内容。上学和工作乐趣不多，压力不少；只有生活（上学和工作之外）能够品尝出些许味道。而这其中，最有意思、最令人向往、最能给人带来欢乐与回味的生活方式便是旅游，尤其对于当今生活节奏快、成本高，工作压力大、收入低，人口密度高、服务差，整天像牛马一样机械地干活的都市人来说，旅游是一副综合的良药，虽不能说包治百病，却是良效多多。记得哲人歌德说过："大自然是一部伟大的书。"而旅游就是阅读这部大书最为轻松愉悦的方式。一次短暂的旅游，可以使心灵得到长时间的安宁与抚慰；一次遥远的旅游，可以领悟人生的坎坷，体验生命的精彩；一次艰辛的旅游，留下的是难忘的记忆；一次快乐的旅游，带来的更是值得珍藏的财富。总之，旅游陶冶人的情操，愉悦人的身心，给人的生活带来无尽的希望与力量。

一次成功的旅游，需要做好三个阶段的工作：行前准备、途中指引、归来总结，而一本好的旅游指南书都能帮您搞定。虽然说现今的网络发达时代，利用各种固定的、移动的电子设备，可以查询相关旅游信息，方便快捷，但我对这些东西其实并不感冒，起码目前是这样，因为网上的信息东拼西凑、复制粘贴的太多，新兴的数字出版领域从行规建设、人员素质、质量控制等等诸多方面，要比已经发展了近百年的传统纸质图书行业稀松得多，可信度自然也就大打了折扣。数字出版物要想俘住广大读者的心，还有很长的路要走。所以，我建议出游的人们目前携带一本精要实用的纸质旅游指南书，还是明智的选择。

书店的旅游指南销售柜台已经摆满了花花绿绿的多家产品，各有优劣，读者尽可随意挑选。如果要我做个推荐，我自然要首推华夏出版社的《畅游世界》系列。这是一套为旅游爱好者量身定制的旅游指南书，通篇贯穿着一个宗旨，那就是让旅游者"畅"，食住行游购娱一路顺畅，惊喜快乐。书中对目的地的地理、气候、人文、区划、交通等作了详尽的介绍，还对当地的旅游热点、风味美食、平民餐馆、伴手好礼以及购物佳地等都进行了精选归纳和说明，最重要的还是本书精心设计的几天几夜游，它对于那些没时间计划或不会计划的忙人或懒人来说，很是管用，让您无需计划，拎起本书即可坦然上路。至于它是否具备优秀旅游指南的各项要素，诸如全面性、准确性、实用性、针对性、时效性、美观性等等，我便不再废话，说多了有"王婆卖瓜，自卖自夸"嫌疑，读者用过了，自然便有了答案。

　　仁者乐山，智者乐水。对于热爱生活的人们来说，旅游的步伐，从来都是风雨无阻，愿携带《畅游泰国》出行的人们，畅来畅往，快乐安康。

华夏出版社社长、总编辑

LOOK!泰国!

1 印象

泰国全称泰王国，旧名暹罗，素有"黄袍佛国"的美誉，又被称为"佛教之国"、"大象之国"、"微笑之国"等，是一个具有2000多年佛教史的文明古国。泰国佛寺外观造型宏伟壮观，建筑装饰精巧卓绝，全国各地分布着3万多座充满神秘色彩的古老寺院和金碧辉煌的宫殿，享有"泰国艺术博物馆"的美称。广博的佛教文化，独有的民间风俗与优美迷人的热带风光，古今、东西文化在泰国完美融合，使其成为绝佳的度假地。

2 地理

泰王国位于东南亚的中心，分为北部山区的丛林、中部平原的广阔稻田、东北部高原的半干旱农田，以及南部半岛的热带岛屿和较长的海岸线四个自然区域。其中泰国南部是西部山脉的延续，山脉再向南形成马来半岛，最狭处称为克拉地峡。此外，泰国人习惯将国家比作大象的头部，将北部视为"象冠"，东北地区代表"象耳"，暹罗湾代表"象口"，而南方的狭长地带则代表了"象鼻"。

3 气候

泰国属于热带季风气候，常年潮湿多雨，气候湿热。全年分为热、雨、凉三季，年均气温24℃～30℃。其中每年3—5月气温最高可达42℃，7—9月受西南季候风影响为泰国雨季，11—12月受东北季候风影响气候干燥。

4 区划

泰国全国有76个一级行政区，其中包括首都曼谷1个直辖市以及75个府。中部有沙缴府、巴真武里府、北柳府、大城府、华富里府、猜纳府、素攀府、信武里府、红统府、佛统府、甘加那汶里府、暖武里府、叻丕府、夜功府、佛丕府、北榄府、巴吞他尼府、龙仔厝府、巴蜀府、那空那育府；北部有清莱府、帕天府、难府、喃邦府、帕府、清迈府、夜丰颂府、喃奔府、素可泰府、彭世洛府、哒府、甘烹碧府、披集府、碧差汶府、那空沙旺、乌泰他尼府、程逸府；东北部有廊开府、沙功那空府、那空帕农府、乌隆府、莱府、廊磨喃蒲府、孔敬府、卡拉信府、莫拉限府、也梭吞府、安纳乍能府、猜也奔府、吗哈沙拉堪府、黎逸府、乌汶府、四色菊府、呵叻府、武里喃府、素攀府；东部有春武里府、罗勇府、尖竹汶府、哒叻府；南部有春蓬府、拉侬府、攀牙府、素叻他尼府、甲米府、普吉府、那空是贪玛叻府、博他仑府、沙敦府、宋卡府、北大年府、也拉府、那拉特越府、董里府等。

5 人口

泰国人口约有6800万，泰族为主要民族，占人口总数的75%，此外有老挝族、华族、马来族、高棉族，以及苗、瑶、阿卡、傈僳、拉、克伦等山地民族。

泰国面孔！

NO.1 黄袍佛国

在泰国，超过九成的居民都信仰佛教。不仅家家户户都供奉着佛经和佛像，学校也设有宗教课程。泰国男性一生中必须出家一次，否则会被认为人生不完整。僧侣在泰国的地位非常崇高，不论性别、地位，见到僧侣都必须双手合十行礼。僧侣中地位最高的"僧王"，甚至连国王拜见的时候都必须下跪。因为僧侣们穿着的僧衣都是黄色的，于是泰国也被称为"黄袍佛国"。

泰国有上万座寺庙，这些寺庙不仅仅是佛教的活动中心，通常也是附近地区的消息集散地、劳工雇用中心、新闻发布处、药物分发站和社区中心，必要时还会被用作学校和医院，在日常生活中起到了非常大的作用。

畅游泰国 推荐

NO.2 泰拳

泰拳是泰国的民族武术。泰国自古民风尚武，有俗话说："十个男人，九个打拳。"泰拳在泰国也是一种娱乐。每当有寺庙盛会或重大庆典的时候，拳赛经常都是大会的压轴好戏。

泰拳与泰族传统文化关系密切，宗教色彩相当浓厚，无论是入门拜师、竞技礼节，还是拳舞仪式等，都有着宗教艺术背景。另外，泰拳还融合了泰国的很多古典诗句和舞蹈艺术的动作和细节，比如拳术招式和拳舞拳花。泰拳不仅仅是一种格斗术，它还是泰国一种极具代表性的民族艺术。

如今的泰拳逐渐分为两种形式，一种是以舞蹈方式表演的武艺，包括剑对剑、棍对棍、双刀对双刀、双刀对双棒、长棒对短棒等，另一种是纯对抗的表演或竞赛。我们现在在电视上看到的，基本都是后者。

NO.3 人妖表演

提到泰国，很多人脑子里面想到的第一个词就是"人妖"。泰国旅游业能够闻名全球，"人妖"表演功不可没，几乎成为去泰国旅游的必看节目。

在泰国热闹的夜生活中，"人妖秀"作为地方特色表演是绝对不可错过的。名声最响、节目也最精彩的，要数海滨度假城市芭提雅的蒂芬妮剧院。这是专门的"人妖"表演场地，不仅设施很完善，"人妖"也是全泰国最拔尖的，表演场场爆满，许多时候甚至一票难求。每年，这里都会选出当年最漂亮、最具人气的"人妖"皇后，也就是Miss Tiffany，这已经成为泰国的一个节日。

NO.4 泰国王室

泰国虽为君主立宪制国家，但泰国王室至今对泰国的政治、经济等诸多领域依然有着重要的影响。如议会在通过宪法等法律后还需要国王的批准才可以正式实施。而且泰国普通民众谈到王室的时候依然充满了尊敬，这也是别的同样制度的国家所见不到的。现在的泰国国王是曼谷王朝拉玛九世普密蓬·阿杜德，他是泰国至今在位时间最长的君主，在泰国人民心中享有崇高的地位。每当泰国出现政治危机的时候，总有他出来呼吁各方团结。因此这位国王还被视作泰国统一的象征。

NO.5 泰国美食

泰国菜历史悠久，曼谷则是泰国菜的发源地之一。泰国菜以煎炸为主，口味既辣又酸且甜，不仅大量使用辣椒、葱、姜、蒜，还会加入咖喱、鱼露、虾酱、椰奶、柠檬汁等作料，吃起来风味相当独特。泰国菜还有一个特点，就是喜欢用水果入菜，比如著名的菠萝海鲜饭。除了泰国菜以外，曼谷的小吃也非常有名，主要以烧烤为主，原料则多是海鲜和水果，比如烤鱿鱼、炸香蕉，就是其中的美味。

曼谷的餐馆种类相当多，从高档饭店到传统的高脚屋，从酒吧到大排档，各式各样，甚至在湄南河上还有许多游船餐厅。在清凉的晚风中，一边吃着美味的泰国菜，一边欣赏夜景，真是人生的莫大享受啊。

NO.6 泰国旅游

作为历史悠久的佛教国家，被称为"白象王国"的泰国拥有独特的文化传统和民族风俗。丰富多彩的各种节日，水上人家的清新生活，闻名于世的古典舞和民族舞，饶有趣味的哑剧和洛坤剧，别具一格的泰拳、斗鸡、玩鱼和美丽的"人妖"表演等吸引了众多游客慕名而来，是亚洲重要的旅游国家之一。在泰国观光游览，随处可以看到金碧辉煌、尖角高耸的庙宇，以及佛塔、佛像、石雕和绘画，还有迷人的热带风光，这一切都令人流连忘返，成为泰国最受游人青睐的旅游名片。

TIPS！泰国！

❶ 办理泰国旅游签证

作为世界旅游胜地的泰国，办理旅游签证是非常方便的，也没有什么门槛，只要有一定的经济能力都可以申请。除了可以在泰国驻中国使馆申请签证以外，也可以委托各旅行社办理。

具体办理手续如下：

个人泰国旅游（个人游）	
申请资格	目前，中国所有地区公民只要有足够的经济能力进行家庭旅行或者个人旅行，都可以申请办理泰国旅游签证。
所需证件	1.往返机票复印件或确认过的机票订单； 2.不少于10000元人民币的存款证明； 3.由申请人本国单位或有关部门出具的担保信（英文或泰文），注明申请人的姓名、赴泰目的，公司抬头纸打印并加盖公章；相关关系证明如户口本、儿童的出生证明或结婚证；已退休人员出示退休证明可以不需要再出具单位担保信；自由职业者请到街道办申请居住证明； 4.请提交有效期6个月以上的护照，一张填写完整的签证申请表和一张护照尺寸照片（2寸）。
所需费用	证件费用230元
领取证件	申请受理后，按照回执上标明的取证日期到指定部门领取证件。领取时应携带本人户口本、居民身份证和回执，并在交付证件费用后取证。取证后一定要认真核对证件及签注的各项内容，防止出现差错。
注意事项	1.根据签证申请单位的不同，可能会需要银行出具1万元以上的半年期存款证明。 2.在办理签证之前，请先仔细询问所需材料，根据申请单位的不同，可能会需要出示其他辅助材料。 3.旅游签证一般有效期为3个月，进入泰国国境后可以停留不超过60天。如超过签证期限，每多停留一天则会被罚款100泰铢。如游客申请签证延期，可到大使馆办理，手续费为500泰铢。
泰国驻中国大陆地区使馆一览	1.泰王国驻北京大使馆：北京市建国门外大街乙12号双子座大厦西塔15层1501B，电话：010-65661149、65664299、65662564 2.泰王国驻上海领事馆：上海市威海路567号晶采世纪大厦15层，电话：021-62883030 3.泰王国驻广州领事馆：广东省广州市环市东路368号花园酒店2楼M07室，电话：020-83858988 4.泰王国驻昆明领事馆：云南省昆明市东风东路52号昆明饭店南1楼，电话：0871-3168916、3149296 5.泰王国驻成都领事馆：四川省成都市航空路6号丰德国际广场3号楼12层，电话：028-66897861 6.泰王国驻西安领事馆：西安市曲江新区雁南三路钻石半岛11号，电话：029-89312831、89312863 7.泰王国驻厦门领事馆：福建省厦门市虎园路16号厦门宾馆3层，电话：0592-2027980 8.泰王国驻南宁领事馆：广西省南宁市金湖路52-1号东方曼哈顿大厦1-2层，电话：0771-5526945-47

*上述介绍仅供参考，具体申请手续以当地有关部门公布的规定为准。

出入境注意事项

游客在抵达泰国之前,需要先填写海关申报表和出入境卡,申报携带的物品和外汇数额。需要特别注意的是海关申报表和出入境卡都要求用英文填写,姓名的第一个字母注意要大写。

泰国法律严禁盗版商品入境,注意不要随身携带盗版软件和图书,即使是合法的图书、软件、CD也只能每人限带一份。如果游客在泰国购买体积较大的佛像、古董、艺术品需要事先取得输出许可证明,在离境时交给海关检查,否则禁止出境。

在泰国购买的一般商品可在离境时申请退还7%的增值税,泰国规定同一天在同一处购买超过2000泰铢以上,且标有"VAT Refund For Tourists"字样的商品,可以向商家索取退税表格和商品收据。游客持同一护照在泰国累计购物超过5000泰铢以上,就可以凭这些购物表格在机场内离境大厅的窗口申请办理退税,退税时需出示所购商品。

❷ 出入境口岸

办理好签证之后,游客就可以乘坐飞机前往泰国了。目前出入泰国的机场主要有以下四个,游客可以根据具体情况自由选择:

出入境口岸	交通工具	入境情况	开放时间	进入市区交通方式
素万那普机场(新曼谷国际机场)	飞机	入境轮候时间较短	24小时	素万那普机场距离曼谷30公里,有4条机场大巴线路,分别到达曼谷市区的是隆路、考山路、中央世界商业中心以及华南蓬火车站,票价为150泰铢。怕塞车的话,也可以乘坐机场铁路进入曼谷市区。
普吉国际机场	飞机	入境轮候时间较短	24小时	普吉国际机场位于普吉岛的北部,目前只有小型机场巴士和出租车可以搭乘前往市区。
廊曼国际机场(旧曼谷国际机场)	飞机	入境轮候时间较长	24小时	在1号候机楼有空调巴士可以前往曼谷市区。想坐火车的话,机场的对面就是火车站。出租车的价格比巴士要贵一些,两人以上可以拼车前往市区。
清莱国际机场	飞机	入境轮候时间较短	24小时	清莱国际机场是泰国北部第二大飞机场,距离清莱府清莱城8公里,有机场巴士和出租车可以乘坐前往市区。

❸ 货币兑换

泰国的货币单位为铢,主要有5、10、20、50、100及500铢等六种面额的纸币和5、10、25、50萨当及1、5铢六种铸币,1铢等于100萨当。目前,泰国各大城市和地区有很多商店和银行的POS机与ATM机都已经实现受理银联卡刷卡消费或支取现金服务。在这些银联特约商户消费或ATM取现时,中国银联将会直接将泰铢转换成人民币,不收取货币转换费。另外,虽然这些地方也同样支持信用卡,不过因为信用卡提取现金需要付息或手续费较

高，建议在ATM机上取款的时候尽量使用借记卡。

在一些没有张贴"银联"标志的商店消费的时候，建议主动询问商店收银员是否支持银联卡，以免受损失。

4 通讯

目前，中国移动已开通了泰国的国际漫游业务，不过价格较高，拨叫泰国本地的价格是每分钟1.99元，拨回国内则要每分钟6.99元。如果有必要，也可以购买泰国的SIM手机卡，大多数便利店都有出售。比较常用的是HAPPY卡或TRUE MOVE卡。HAPPY卡的价格是49泰铢，泰国本地通话每分钟1泰铢，打往中国每分钟7泰铢。TRUE MOVE卡的价格高了些，要199泰铢，不过它打往中国和在泰国本地通话的价格是一样的，都是每分钟1泰铢。泰国是无漫游费的，只要是在泰国境内，在哪里打电话价格都是一样的。

电话卡

绝大多数酒店都提供国际长途服务，公共电话亭也随处可见。此外，在7-11等便利店也能购买比较常用的电话卡，如Truemove inter卡、Happy卡和1-2-Call卡电话卡。Truemove上网资费约40泰铢/天；Happy卡299泰铢，可7天内无限上网；1-2-Call卡99泰铢可享300M流量。以上三种卡片打电话回国内最低都可享受1泰铢/分钟，游客可根据实际情况进行选择。需要提醒的是，国内移动、联通和电信的合约机在泰国使用泰国电话卡时，可能会因为制式问题而无法正常使用。

常用电话：

191：报警救助
199：火警
1691：急救中心
02-2457044：中国大使馆
泰国旅游服务中心电话：1155

作为旅游胜地的泰国，最常用的就是旅游服务中心热线电话。它的主要服务内容包括报警、急救、查号、投诉等，甚至还能够提供旅游信息，真正可以说是"记住一个号，游遍全泰国"。

5 禁忌

作为一个宗教国家，泰国的禁忌还是很多的。首先，在泰国不允许拍头，因为他们认为头部是人体最高的部分，最为神圣。而对应的，脚是身体最低的部分，无论把脚尖对着别人还是用脚触碰别人，都被认为是不礼貌的。不要把脚放到桌子上或椅子上休息，也不要跨过别人的身体。

在泰国，所有的佛像，无论大小、完整或者残缺，都是非常神圣的，不可以对其做出不敬的举动，更不能攀爬佛像。进入佛殿必须脱鞋，衣着要整齐、端庄，穿有领子的衬衣，最好不要穿短裤，更不要裸露上身。另外，僧侣是被禁止与女性接触的，如果有要奉献的财物，可以请男性转交，或者直接放在桌子上。

泰国人对皇室相当尊敬，到访的游客也应该谨慎展现对国王、王后以及皇室其他成员的尊敬；

公开宣誓男女之间的爱意是不礼貌的；

在公共场合请不要大声喧哗。

6 住宿

泰国的酒店，无论星级是多少，都不会准备盥洗用具，游客必须自己携带牙刷、牙膏、拖鞋等卫生用品。酒店一般不供应开水，自来水不可以直接饮用。

泰国的电压和中国相同，都是220伏、50赫兹的交流电，使用的是双孔扁圆形插座和三孔扁插座。

泰国严禁赌博，就算是在酒店房间内也不可以玩牌或打麻将。

7 小费

在泰国消费是需要支付小费的，因为在这里支付小费不仅是一种礼仪，也是服务人员的主要收入。如果觉得服务质量优良，可以多付一些小费，不过一般来说都是在20到100泰铢之间。需要注意的是，付小费的时候不要给硬币，因为在泰国硬币一般是给乞丐的。

小费支付标准

泰国是小费制的国家,在泰国为服务人员支付小费是普遍的情况。以下的小费标准供参考:

1. 泰式按摩 50~100铢;
2. 丛林骑大象 驯象师每位约50铢;
3. 行李小费 一间房间一次约给行李员20铢
4. 床头小费 一间房间(2人)每天约给20铢
5. 饭店员工服务良好,可酌情给予小费,一般一次约20铢或1美元左右;
6. 餐厅小费的比例大约是10%。导游、领队、司机小费为每位客人每天人民币30元左右。

8 落地签延

落地签只能在泰停留15天且无法延期。如果预计行程超过15天,需在国内提前办理个人旅游签证,可在泰国停留不超过60天。

9 白本护照

白本护照也可以出境到达泰国后办理落地签,只需根据泰国落地签办理要求带齐资料,并没有违反相关入境法规(如携带了违禁品),就基本不会被拒签。落地签办理口岸24小时服务。在曼谷转机的游客一般需要在曼谷机场办理好落地签,直飞旅客在目的地办理即可。

10 历史

1. 素可泰时期: 13世纪时泰族人开始成为这个地区的统治力量,并逐渐宣布从当时存在的高棉和孟王国独立出来。统治者称之为"幸福的黎明",这也常常被认为是泰国历史的黄金时期,这是理想的泰国,物产丰富,君主像父亲般慈善,其中最著名的国王是兰甘杏大帝。然而在1350年,更加强大的大城对素可泰产生了巨大的影响。

2. 大城时期: 大城的君主从一开始就接受了高棉文化的影响。他们不再是素可泰王朝时父亲般慈善、平易近人的君主,而是专制帝王,并采用神王的头衔。在这个时期的早期,大城的统治向邻近的泰公国扩张,并与其邻国发生冲突。17世纪时,暹罗开始同西方国家建立外交和商业关系。

1767年,缅甸入侵并成功攻陷了大城。尽管缅甸人取得了胜利,但是他们对暹罗的统治并没有维持多长时间。年轻的PhyaTaksin将军和他的随从突破了缅甸人的重围,逃到了尖竹汶(Chantaburi)。大城沦陷七个月后,他和他的军队乘船返回到都城,赶走了缅甸驻军,收复了大城。

3. 吞武里时期: 著名的Taksin将军决定将都城从大城迁移到靠近海的地点,这样有利于对外贸易,保证武器的采购,并且万一缅甸重新进犯,便于防守和撤退。他在湄南河西岸的吞武里建立了新都城。Taksin的统治并不是一帆风顺的。大城沦陷后缺少中央权威导致王朝迅速瓦解,Taksin统一各府的愿望覆灭了。

4. 曼谷时期(至今): Taksin死后,查库里将军成为查库里王朝的第一世国王,即拉玛一世,从1782年统治到1809年。他即位的第一项举措就是将王室и都城从吞武里迁到河对岸的曼谷,并建造了大王宫。拉玛二世(1809—1824)继续修建工作。拉玛三世Nang Klao国王(1824—1851)重新开始了同西方国家的联系,并发展同中国的贸易。《国王与我》中的拉玛四世Mongkut国王(1851—1868)与欧洲国家缔结条约,避免沦为殖民地,并建立了现代泰国。在他统治期间,开展了许多社会和经济改革。

11 宗教与文化

泰国是世界上的佛教强国之一,大多数泰国人信奉作为国教的上座部佛教(部派佛教的一个分支),佛教徒占全国人口95%以上。佛教对日常生活产生了强烈的影响,长老非常受人们尊敬。因此,无论在城市还是乡村,寺庙(Wat)都是社会生活和宗教生活的中心。禅是佛教最普及的方面之一,有无数泰国人定期坐禅,以提升内心的平静和愉快。游客也可以在曼谷的几个中心或者泰国的其他地方学习坐禅的基本原则。泰国南部的陶公府、北大年府和惹拉府以信奉伊斯兰教的穆斯林为主,占全国人口的4%。另外,亦有信奉基督教和印度教的信徒,但较佛教徒人数有很大的差距,其仅占总人口的1%左右。这些非佛教信仰者完全有信仰自由,得到一定的保障。

12 不容错过节日

泰国每年会庆祝很多节日,其中两个最具代表性的就是宋干节和水灯节。

宋干节期间，人们于全国各地悬挂国旗，浴佛，浴僧，向长长辈行洒水礼，祈求赐福。因此人们也称此节庆为"泼水节"。此外，几乎每个家庭都要举行为长辈洒水的仪式，混合香水和鲜花花瓣的清水由晚辈缓缓洒在老人的手里，以吉祥的方式表达对老人的爱和尊敬，并祈求从老人那里获得祝福；老人们愉快地享受这种被强化的受到尊重和爱戴的感觉，祝愿儿孙快乐幸福。不仅是家庭，人们还会带着香水来到佛寺，为佛像和僧人洒水。僧人在接受俗众洒水时会给予他们神圣的祝福。此后，人们互相洒水表达祝愿，而年轻人则喜欢开展泼水游戏。

在泰国的传统节日中，最美丽的应该是每年11月的"水灯节"（Loy Kra Thong），这充分体现着泰国青年男女旖旎的恋恋风情。节日期间，无论在城市或在乡镇，只要是频临河港或湖边的地方，水面上都会飘满水灯，闪亮着一片烛光，辉映着青年男女们双双的幸福靓影。在一片花香和轻快抑扬的"放水灯"歌声中，构成一个欢乐的水灯节之夜，同时也寄托了心中美好的愿望和祝福。

此外，万佛节、佛诞、守夏节等节日也值得亲自去感受。

13 最佳旅行时间

泰国分为三个季节：夏季、雨季和冬季。夏季为每年3月至6月，雨季为7月至8月，冬季为9月至次年2月。

其中夏季为一年最热的时段，泰国的传统新年——泼水节也在此期间，泼水节期间全国各地都将举行丰富多彩的庆祝活动。7月至8月期间的雨季并非细雨连绵，而是在倾盆大雨之后依旧阳光明媚，也是各海岛及度假目的地的淡季，因此该时段去泰国价格最为实惠。泰国冬季气温宜人，风景秀丽，加上新年圣诞等节庆聚集，使冬季为每年度假的高峰期，各海岛及著名旅游目的地都将迎来大批游客，可选择的度假地区广泛，价格也相对较高。

14 穿衣指南

泰国一年四季都是夏季气温，室外只需穿着夏装即可，室内特别是机场、商场、酒店、电影院及出租车内因为空调关系相对较凉，体弱的游客可自备薄外套避免受凉。

15 语言

泰国的官方语言是泰语，用泰语字母，泰国约5000万人视其为母语。少数民族有他们各自的方言。

16 租车

泰国有许多汽车、摩托车和吉普车的租赁公司，包括一些知名的国际公司，如Hertz、Budget 和 Avis。许多租车公司只对有国际驾照的游客开放或提供保险，为了安全起见，请确保拥有国际驾照再租车，并在驾驶时佩戴好安全帽或系好安全带。

17 退税

需符条件

1. 需在张贴有"VAT Refund for Tourists"标志的商店内购物才享有退税优惠。

2. 在当天同一家店购买商品不低于2,000泰铢（含增值税）。

3. 在商店购物当天索要退税单和原始发票。

4. 所有购买物品必须在购买之日起60天内在国际机场离境时随身携带出境。

退税流程

1. 在办理行李托运前，必须在国际机场（如素万那普、廊曼、清迈、普吉、合艾、乌塔堡、甲米、苏梅）给海关出示相关资料（退税单、原始发票和购买品）并在退税表上盖章。

2. 旅客在通过出入境管理之后，到退税办公室递交护照、退税单和原始发票，领取退还的税款。

3. 贵重物品，如单件价值10,000泰铢以上的珠宝、黄金、手表、眼镜和钢笔等，需要给税务工作人员再出示检查一次。

4. 如果退还金额超过30,000泰铢，将以汇票或信用卡形式支付。

5. 如果您很匆忙，在经过全部的海关和税务工作人员检查之后，可以把退税单和原始发票放入退税办公室之前的箱子里或邮寄至以下地址：VAT Refund for Tourist Office The Revenue Department of Thailand 90 Phaholyothin 7, Phayathai, Bangkok 10400, Thailand。

GO!泰国交通!

1 航空

泰国的民航业十分发达,国内各大、中城市都建有机场,其中曼谷、苏梅岛、普吉岛、合艾、清迈、素可泰等城市建有国际机场。位于曼谷的素万那普国际机场是东南亚主要航空中心之一,可以直飞亚、欧、美及大洋洲的30多个城市。中国游客可在北京、上海、广州、昆明、成都、汕头等城市乘坐国际航班直飞泰国。作为中国公民出境游的热门目的地之一,淡、旺季节飞往泰国的机票价格相差较大。

2 火车

泰国的铁路网以曼谷为中心向外辐射,共有四条主要线路,此外还有一条通过马来西亚前往新加坡的国际铁路。由曼谷到清迈的北方线全长约851公里,中途主要车站有大城、罗富里、彭世洛、南邦府等,乘特快列车全程约14.5小时;由曼谷至柬埔寨边境亚兰的东方线全长255公里,特快列车车程约5小时,中途在呵叻、乌汶等城市停靠;由曼谷至老挝境内诺凯的东北线全长约624公里,中途主要在大城、呵叻、孔敬、廊开等城市停

车,特快列车行程约11小时;由曼谷出发沿暹罗湾的马来半岛而行的南方线全长约990公里,沿途会在华欣与合艾停靠。国际线每天有特快和普快两种列车,乘客若前往新加坡需要在伯特和富转车。游客在泰国乘坐火车旅行时可以在曼谷华南蓬火车站提前预订,可买到泰国境内任何班次的火车票与英文版时刻表,非常方便。

3 长途客运

泰国的公路与铁路相同,以曼谷为中心向全国各地辐射。泰国长途客车的速度超过火车,其中VIP长途客车更是具有空间大、座位舒适的优点,并配有空调和卫生间,还提供免费餐饮,是在泰国长途旅行的绝佳选择。

4 船运

泰国拥有独具民族色彩的各种渡船,在曼谷等地游览观光的游客经常可以看到优雅而修长的长尾船穿梭于水面之上,在度假地还会遇到色彩鲜艳的木制小船把游客摆渡到附近的岛屿或陆地上,别有一番风情。此外,值得注意的是,泰国各地的渡船班次和时刻不十分固定,受天气和水流的影响较大,乘坐渡船需事先问清楚相关班次及是否开航。

速报！泰国10大人气好玩旅游热地！

NO.1 大王宫

大王宫是泰国从拉玛一世起至今8代国王的王宫所在，这座王宫建于18世纪，内部的宫殿全都采取佛寺一般的圆顶建筑，并且用金箔覆盖，显得华贵异常。宫殿内部装饰有精美的壁画，都是泰国绘画艺术的最高峰之作。

NO.2 卧佛寺

卧佛寺是泰国现存最古老也最大的寺庙，寺内的佛殿大多装饰精美，正殿中46米长的卧佛造型精美，用料讲究，堪称世界佛教造像中的顶尖作品。此外在寺庙墙上还有用一百多块大理石雕成的叙事浮雕，也是镇寺之宝。

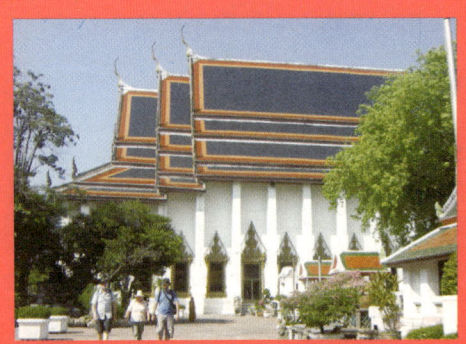

NO.3 泰国国家博物馆

泰国国家博物馆是从过去的王室御用船坞改建而成，珍藏着从远古一直到现代的各种珍稀文物，其中以王室所用的龙凤船最为华贵，此外还有历代泰王使用的器具等，都尽显王室的雍容豪华。

NO.5 柚木宫

柚木宫建于泰王拉玛五世时期，整座宫殿拥有数百个房间，全部都是用上等的金柚木搭建而成，也是世界上最大的纯柚木建筑。在宫殿里除了能感受到阵阵海风外，还能闻到柚木发出的淡淡清香，堪称世界建筑史上的顶尖杰作。

NO.4 金山寺

金山寺也称沙阁寺，这座寺庙在泰国佛教界享有很高的声誉，在寺庙里除了供奉有佛祖舍利外，还有一尊泰国最大的铜制坐佛佛像，每年泰国水灯节时，人们都会聚集到这里来礼佛，这也是沙阁寺最热闹的日子。

畅游泰国 推荐

NO.6 帕玛哈泰寺

帕玛哈泰寺建于14世纪，是大城王朝时期标志性的高棉式寺院，拥有一座高大的佛塔。在寺里有一株大榕树，榕树中包裹着一尊佛像，只有佛头露出外面，形成著名的"榕树包佛头"景观。

019

NO.7 蒂芬妮剧院

蒂芬妮剧院是芭提雅最著名的旅游景点,这里每天都会进行精彩的人妖秀表演,因此人气高涨,甚至达到一票难求的地步。而且每年蒂芬妮都会举办人妖选美大赛,选出蒂芬妮小姐,也是这里每年一度最重要的节日。

NO.8 隆圣骨寺

隆圣骨寺也称大塔寺,标志就是那一座巨大的佛塔,虽然佛塔目前仅存一小段遗迹,但是还是能从塔里那精致的雕塑和四周围绕的佛像一窥其旧日的繁华,同时在寺庙的殿堂里还供奉着高僧们的蜡像,形神兼备,栩栩如生。

NO.9 拷汪宫

拷汪宫是著名的电影《安娜与国王》中的行宫原型,是泰王拉玛四世的行宫。这里位于群山之中,并没有王家宫殿那种豪华气派,反而有一种贴近自然的优雅风度,王宫内展示了拉玛四世和五世两位泰王的日常用品和各种艺术品,每年还会举行相应的旅游节日活动。

NO.10 普吉岛

普吉岛被称作泰国的珍珠,它是泰国最富盛名的海边旅游胜地,旅游业极为发达。人们既能在这里的沙滩上享受和大海接触的乐趣,也能在岛上丰富多彩的旅游设施里享受夜生活的乐趣,不愧为旅游的天堂。

美食！曼谷10大人气魅力平民餐馆！

1 建兴酒家

建兴酒家是泰国著名的海鲜酒店，尤其以制作美味的咖喱螃蟹而著名，这里的海鲜用料讲究，口味多样，适合来自世界各地的人。除了海鲜外，正宗的泰式料理也是这里的招牌菜。

2 MK火锅专门店

MK火锅专门店是泰国最著名的火锅连锁店，和中国人喜欢冬天吃火锅的习惯不同，泰国人不分早晚和季节，都非常喜爱火锅。除了火锅，这里还提供经典的泰式饭菜，口味都很不错。

3 Sukhumvit House Number 1

Sukhumvit House Number 1是一家建在从前国王行宫内的饭店，因此这里也主要经营泰国宫廷饭菜，这里的菜肴全都是精雕细琢，口味极佳，可以从这些饭菜中感受到以前泰国王室的豪华风格。

4 Mrs.Balbir's Restaurant

Mrs.Balbir's Restaurant是一家经营正宗印度菜的饭馆，是由一位旅居泰国多年的印度人创办的。她将印度和泰国两种菜式的口味融合在一起，创立出适合泰国人口味的印度料理，获得了一致好评。

畅游泰国 推荐

5 Blue Elephant Royal Thai Cuisine 〔餐馆〕

Blue Elephant Royal Thai Cuisine号称是泰国菜的第一品牌，这里的菜式结合泰国过去、现在、未来三个阶段的料理，可以说将泰国料理的历史融入饭菜之中，在世界上都享有盛名。

8 Bug&Bee the Café with a Buzz 〔餐馆〕

Bug&Bee the Café with a Buzz是曼谷时下最受年轻人喜爱的饭店，这里的装饰很具现代化，各种色彩搭配非常新潮。这里将来自法国的可丽饼融入各种料理中去，创新出了很多美味的菜肴。

6 Paulaner Beer Garden 〔餐馆〕

Paulaner Beer Garden是曼谷最著名的啤酒屋，店里以轻松自在的装饰和古朴典雅的色调吸引了每一个来这里的客人。人们在这里可以充分地放松自己，并且畅饮啤酒。

9 Naatayasala Hun Lakorn Lek 〔餐馆〕

Naatayasala Hun Lakorn Lek是一家标准的泰国菜餐馆，这里除了提供美味菜肴外，还专门会在用餐的时候向客人表演精彩有趣的木偶戏，一下子就为店里招来了不少小朋友。

7 Sirocco 〔餐馆〕

Sirocco位于曼谷63层的Meritus饭店楼顶，圆球形的造型非常引人注目。这里的招牌菜是法国大餐，厨师也都是从法国请来的。每天晚上这里还会有爵士乐队为大家表演动听的音乐，使进餐成为一种高级的享受。

10 Gulliver's Traveler's Tavern 〔餐馆〕

地处考山路的Gulliver's Traveler's Tavern的招牌是一辆挂在二楼墙上的TUTU车，在莱昂纳多主演的电影《海滩》中也出现了这家街头餐吧的身影。经常可以看到各国游客坐在这里喝着几十泰铢的啤酒，吃着盘中美味可口的泰国菜，伴随着音乐阵阵欢呼。

带回家！特色伴手好礼！

1 纪念品 手工艺品

在泰国的观光地经常可以看到贩卖各种手工艺品的摊贩，经过一番讨价还价后就可买到这些制作精美的木雕艺术品、泰式陶器、柚木雕塑、银器、绘画、蜡制工艺品等充满浓郁泰国民族特色的纪念品。

4 纪念品 皮革制品

泰国的皮革制品除了常见的猪牛羊皮革制品外，还有用鳄鱼皮、鸵鸟皮、蜥蜴皮、蛇皮、珍珠鱼皮等珍贵材料制成的皮包、皮带等，颇受游客欢迎。

2 纪念品 泰丝

历史悠久的泰国产的丝绸由泰国农村妇女手工制成，以其完美结构和自然色泽而闻名，除了染色外也有高质量的印花，被欧美人认为是制作晚礼服的最佳材料。

5 纪念品 海产品

临海的泰国出产各种海产品，如鱼翅等更是颇受中国游客欢迎，与同样盛产的燕窝和鳄鱼肉一同被视为传统美食中的珍品。

3 纪念品 珠宝

泰国是现今全世界珠宝首饰加工业最发达的国家之一，在泰国游人可以买到各种制作工艺精湛的精美饰品。

6 纪念品 鱼露

鱼露又被称为白酱油，是典型的泰国南部调味料，其做法是将鱼腌渍后萃取而成，味道独特，喜欢的人认为是带有鱼的鲜香，而不喜欢的人闻起来则觉得是鱼腥味。

畅游泰国 推荐

7 纪念品 咖喱酱

泰国菜喜欢用各种咖喱烹制，并在其中加入椰浆来降低咖喱的辣味，之后加入香茅、鱼露、月桂叶等香料增强香味，形成独特的泰国咖喱，是烹饪泰国菜肴不可缺少的调料。

9 纪念品 陶器

在泰国，陶器是很常见的一种器皿，人们在各个方面都要用到它。泰国的陶器以多彩的釉面而出名，绝大部分都是手工制成。尤其是在泰国东北部地区，大大小小的陶器作坊随处可见，这里也就成为泰国最重要的陶器产出地。泰国陶器的主要出口对象都是一些日式餐馆，青绿色树叶形状的小碟、淡青色的小酒盅和黑色点缀淡黄色小花的大碗是其中最主要的样式，此外还有一种形状好似台灯的陶器，这是专门用于供奉神佛用的灯，在泰国人的生活中占有很重要的位置。

8 纪念品 木雕艺术品

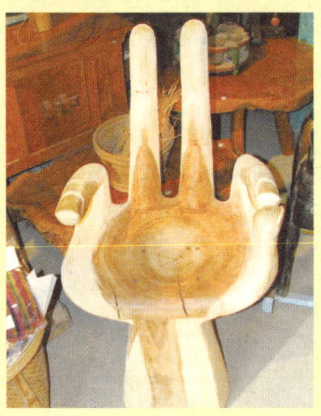

泰国木雕也是泰国手工艺制品中的佼佼者，在泰国多热带雨林，有不少十分适合雕刻的木材，人们就发挥自己的聪明才智，将它们雕塑成一件件出色的工艺品。泰国木雕有很多都是以佛教内容为主，各种佛像、佛教故事中的英雄或是象征吉祥如意的神圣动物等，都成为木雕艺术品中最常见的样式。这些木雕大多都尽量保持了这块木头原有的纹路和形状，在它最天然的基础上进行雕刻，极具观赏性，同时甚至还能闻到木头里原生的香味。因此泰国木雕的名声传遍全球，成为游客们的最爱之一。

10 纪念品 大象纪念品

大象可以说是泰国的象征，这种庞大的动物被泰国人赋予了吉祥如意等多种美丽的含义，因此在泰国到处都能看到人们和大象的互动表演。而在大象表演的同时，各种大象纪念品就成了人们青睐的对象。这些大象纪念品种类繁多，有木制的，有金属的，还有蜡制的等，造型大多为可爱的大象形象，或是各种变化的卡通图案，不管是大人小孩看了都会喜欢，爱不释手。此外还有画有大象图案的T恤或是泰国传统服装等，穿在身上有一种和泰国融为一体的感觉。

超IN!泰国4天3夜!

☀ DAY 1

白天 曼谷

"天使之城"曼谷是泰国的首都,也是泰国的文化艺术中心,被称为"佛教之都",拥有众多历史文化古迹,佛寺庙宇比比皆是。曼谷最不可错过的景点就是金碧辉煌的曼谷大皇宫,白色的宫廷建筑历经200多年的风霜依然庄严典雅;和大皇宫并称为曼谷标志的是玉佛寺,雄伟的殿堂是泰国皇室举办大型庆典的地方,殿中供奉的玉佛由一整块碧玉雕成,是泰国的国宝,其精美程度令人叹为观止。此外还有小印度城、唐人街等区域可以逛逛。

畅游泰国 推荐

☾ NIGHT 1

黄昏-晚间 桑仑夜市

临近地铁站的桑仑夜市是曼谷最大的夜市,除了能淘到很多曼谷特色的小商品外,还有不少餐厅和小吃店可以品尝泰国风味。

☀ DAY 2

白天 大城

位于曼谷以北的大城原名阿育塔亚，是泰国历史悠久的故都。大城以其悠久的历史文化和众多的精美古迹，被联合国教科文组织列为泰国七大世界级保护古迹之一。在大城古皇宫遗址内，可以看到三座保存完好的15世纪佛塔。 由羽通王主持修建的胜利大佛塔建于13世纪，寺内的建筑宏伟精致，透出浓郁的历史沧桑感。湄南河边的挽巴茵夏宫则是为拉玛四世建造的行宫，现在岛上还留存着中、泰、缅、意、英等多国风格的建筑，呈现出一种独特的富丽堂皇，水上金殿更是挽巴茵夏宫的标志性建筑。

☀ DAY 3

白天 芭提雅

坐落于暹罗湾的芭提雅有着"东方夏威夷"之称，这里的大海、沙滩、阳光使其成为泰国最负盛名的度假地之一。本是滨海小渔村的芭提雅是在越战期间才被改建成旅游度假中心的，所以这里和夏威夷等地相比，显得更加小巧，但是风景和娱乐休闲场所却丝毫不少。长达40公里的海滩常年阳光明媚，水碧天青，除了在洁净的海水中游泳外，还有滑水、冲浪、潜水等多种水上娱乐活动。海中的珊瑚岛是芭提雅外海最大的岛，沙滩洁白，水质清澈见底，在船上就可观看到水中色彩缤纷的热带鱼。另外，芭提雅近年来还有许多新建的娱乐场所，如信不信由你乐园、玻璃瓶博物馆、东芭乐园等，让每年多达百万的游客的芭提雅之行更加丰富多彩。

☾ NIGHT 2

黄昏-晚间 大城河

乘坐"大城公主号"柚木古帆船游览湄南河的支流——大城可，在休息进餐之余还可欣赏湄南河夜景。

黄昏-晚间 焰火表演

芭提雅夜晚会有盛大的焰火表演。此外，在"东方公主号"游船和蒂芬妮剧院还可以近距离观看人妖表演。

上午 普吉岛

普吉岛可以说是东南亚最有代表性的热带旅游度假地，正对安达曼海的普吉岛是泰国第一大岛，岛上丰富的锡矿资源让这里自古以来就成为人们工作、生活的地方，也因此留下了很多有数百年历史的建筑。此外，这里浓郁的热带风情——起伏的山丘、茂密的热带林木、风景如画的碧海银滩和奇形怪状的礁石，为普吉岛赢得了美名。这里光海滩就有十几种类型，卡马拉海滩清净悠闲，苏林海滩豪华高雅，最热闹的芭东海滩是游人最喜欢的地方。这里度假村众多，商业街十分繁华，白天有游泳、帆板、滑水、潜水等娱乐项目，夜晚还有露天的舞厅和酒吧，吸引了各地旅游度假者。

黄昏-晚间 起程踏上归途

畅游泰国 推荐

THAILAND GUIDE

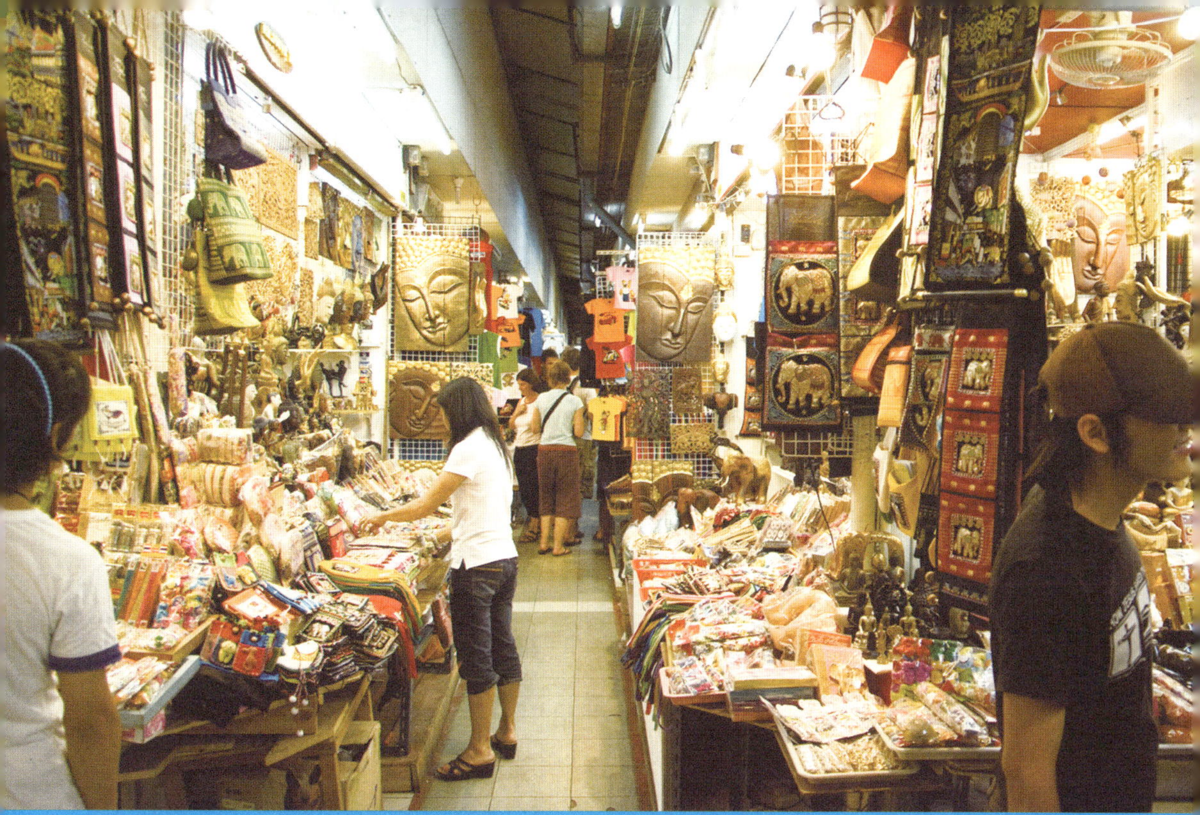

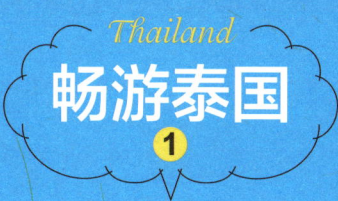

Thailand

畅游泰国

1

曼谷

曼谷是泰国的第一大城市和首都，也是东南亚第二大都市。是泰国的政治、经济、文化中心和最大的港口。曼谷素有“佛教之都”的美称，在曼谷到处可以看到气势恢弘的佛教寺庙。

打开曼谷！

1 印象

曼谷意思是"天使之城"，是泰国的第一大城市和首都，也是东南亚第二大都市，是泰国的政治、经济、文化中心和最大的港口。早在250年前的吞武里王朝，这里就已经是一处颇具规模的大城市了，曼谷王朝时期曼谷逐渐成为泰国的首都。曼谷素有"佛教之都"的美称，在曼谷到处可以看到气势恢弘的佛教寺庙。每天清晨，全城香烟袅袅，各处都传来诵经之声，形成了曼谷独特的景观。其中玉佛寺、卧佛寺、金佛寺是曼谷最著名的寺庙，被誉为曼谷的"三大国宝"。此外，曼谷也有不少美丽的自然风光，考艾国家公园等地都是风光极盛的美丽景区，即便市内也是绿树成荫，遍地鲜花，宛如一座巨大的公园。

2 地理

曼谷位于湄南河三角洲地区，临近暹罗湾，被誉为母亲河的湄南河从城中穿过。曼谷地处平原，且平均海拔只有2米，因此时常出现洪涝等灾害。城市总面积达1580多平方公里，是东南亚地区第二大城市。城市内河网密布，各种船只往来于各条河道之中，使得曼谷成为著名的水城。

3 气候

曼谷属于热带季风气候，终年气候湿热，年平均气温为27.5℃，全年总降水量达到1500毫米。其中5—10月是曼谷的雨季，这时的降水量超过全年的80%。因此地势低洼的曼谷经常会在雨季遭受到洪水的袭扰。大雨过后，曼谷市内的街道上大多都会出现积水。

4 曼谷节日

水灯节

时间：11月

水灯节是泰国人一年中的重要节日之一，也是泰国民间最热闹、最具民俗风情的传统节日。水灯节期间，

在曼谷到处都能听到优美的音乐，看到精彩的舞蹈。到了晚上，人们会纷纷拿出早已准备好的精美纸灯，在上面写下自己的祈愿，然后放入水中，任由这些纸灯在水中漂游，同时默默祈祷，传说这样就可以使得愿望成真。

宋干节

时间：4月

宋干节即泰国旧历新年，也称泼水节，是泰国一年中最重要的节日。每年4月，在曼谷都会举办盛大的宋干节庆典，主要有浴佛、堆沙、放生、庆祝游行、泼水等五项活动。城内帕辛寺的帕辛神像也会被抬出来接受人们的朝拜，并由近千名信徒向神像泼水祈福。当地人也会上街互相泼水，祝贺新年和祈愿平安。

国庆节

时间：12月

泰国的国庆节也是泰王普密蓬的生日，又称万寿节。节日期间，政府机关和普通民居都会张灯结彩，各地会举办很多当地传统的祈福大会和民俗表演来庆祝国王生日。

5 曼谷交通

轨道交通

曼谷的地铁（MRT）于2004年启用，从城市的最北端延伸到市中心，长约20公里，沿途共设有18个站

点。成年人票价是15～39泰铢，身高90～120厘米的儿童可以享受半价优惠，90厘米以下的儿童则免费。此外，曼谷还有两条轻轨（BTS）线路，这些线路大多建设在高架铁路上，乘坐这种轻轨观赏曼谷城市风光是一种既便宜、舒适而又有趣的体验。

巴士

曼谷市内公交车发车密集，但是经常会改变行车路线，略微有些不便。曼谷公交票价因车辆颜色的不同而异：红色或绿色的公交票价是3.5～4泰铢；蓝白相间的公交票价是5泰铢，空调车则是8泰铢；橙色的空调车票价为12泰铢；白和粉红相间的空调车票价是25～30泰铢；最好的红色小公共汽车统一价为25泰铢，这种车一般座位坐满就不再载人。

出租车

曼谷的出租车业也很发达，在市内任何地方都能很方便地拦到车。泰国的出租车起步价为35泰铢，车行2公里后每公里加收5泰铢。此外在曼谷还有一种三轮敞篷的出租车——TUTU车，这种车价钱比普通出租车便宜，但是需注意，必须事先讲好价钱才行。

游船

曼谷市内河道密布，几条主要的河流都设有水上巴士停靠站。这些站点大多紧靠旅游景点，是前来曼谷旅游的人们最适合选择的交通工具之一。

❻ 曼谷美食

曼谷是泰国菜的发源地之一，烹调方法以煎炸见

长，味道兼具辣、酸、甜三种。做菜时不仅要用到大量的辣椒、葱、姜、蒜等常用的调味品，还要加入咖喱、鱼露、虾酱、椰奶、柠檬汁等味道独特的作料及薄荷叶等天然香料。冬阴功汤等知名菜是喜欢泰国菜口味的人们不容错过的。此外，在曼谷的大街上随处可以看到售卖各式小吃和新鲜水果的摊位，其中烤鱿鱼、炸香蕉等小吃和菠萝、芒果等新鲜美味的水果都十分受人们的欢迎。

7 曼谷住宿

曼谷的旅游业十分发达,每个重要的旅游景点周边都会集中大量的旅馆和酒店。城中的西罗木大街、拉查达慕里大街和司昆比德大街等地是高级饭店较集中的地方,湄南河边的高级酒店也不少,尤其受到喜欢优美环境的游客青睐。此外,在曼谷也可以找到各种中低档旅馆,这些旅馆大多收费便宜,但是环境和服务确实一般,通常是那些单身背包客们住宿的地方。

8 曼谷购物

曼谷是东南亚首屈一指的购物天堂,拥有丰富的当地传统手工艺品和土特产品。这些土特商品主要在曼谷的传统市场上出售,包括曼谷常见的夜市和周末市场。在曼谷,还有一种水上市场,商铺是由一条条船构成的,出售的也是泰国最新鲜的水果等产品,很具农家风味。此外,曼谷市中心的商业区聚集着大量的国际知名零售企业和大型超市,在这里可以买到来自全世界的知名品牌,是曼谷市内最繁华的地区。

9 曼谷娱乐

除了雄伟的佛教寺院外,在曼谷还可以欣赏到许多泰国传统的文艺、体育方面的表演。其中泰拳比赛是最激烈的一种。泰拳素以技法和凶狠强悍的动作而闻名,在曼谷的多个拳击馆每天都可以看到泰拳比赛,人们可以近距离地感受这种紧张刺激的氛围;如果不喜欢这种过于刺激的场面,可以去看泰式古典舞蹈表演,在曼谷的国家大剧院,每个月都会有传统舞蹈的表演;如果需要放松身心,曼谷各处的泰式按摩店和温泉店是最好的选择。

01 大皇宫
曼谷王朝的象征

大皇宫是泰王拉玛一世至拉玛八世的王宫，位于泰国首都曼谷市中心，是曼谷王朝的象征。大皇宫所有的宫殿都是佛塔式或王冠形的建筑，四周由白色的宫墙围绕，正面前是椭圆形大广场，广场上遍植花木，树影婆娑，曾经是皇家御用广场。大皇宫内部主要建筑物有阿玛林宫、节基宫、律实宫和玉佛寺等。其中用作国王加冕典礼的杜西特·玛哈·普拉沙德宫是最为豪华的，在宫殿中设有镶嵌着各种宝石的宝座，上有9层华盖，华丽异常。而用作召见国宾场所的恰克里宫是大皇宫中最雄伟的建筑，它的屋顶是三层典型暹罗式风格的尖顶。这座美丽的建筑共有三层，最顶层安放着历代国王、王后的骨灰；中间一层是接待外国使节的会客室；最下一层是兵器库。大皇宫是历代王宫保存最完美、最壮观、规模最大、最有民族特色的王宫，是曼谷最有人气的景点。

TIPS

📍Phra Borom Maha Ratchawang, Phra Nakhon, Bangkok 10200　☎02-694-1222　💰200泰铢　🚢乘Chao Phraya Express渡轮至Tha-Chang站下　⭐★★★★★

看点 01 | 猴神像　常见的神像之一

在大皇宫中随处都可以看到神话人物的塑像，其中猴神像是四种常见的神像之一。这里的猴神像就是指印度神话《罗摩衍那》中的护法神哈努曼。传说哈努曼聪明机智，法力强大，可以隐身让敌人看不见自己，象征着知识、活力、诚实、无私、谦虚与忠诚。一说西游记中的孙悟空就是以它为原型。在这里猴神像主要出现在佛塔的底座部分，高60厘米左右。猴神身着金甲，头顶一顶黄金神冠，浑身蓝色，青面獠牙，双手上托，保护着整座佛塔。不同位置的神像有着不同的表情，愤怒、喜悦、哀伤等，惟妙惟肖，精妙绝伦。神像穿着的金甲全部由纯金打造而成，使得大皇宫里的佛塔更显得金碧辉煌，一片皇家气派。

看点 02　奇那瑞鸟神像　象征着艺术、慈爱、财富的神鸟

奇那瑞鸟神像也是大皇宫中常见的一种神像。奇那瑞鸟是泰国、缅甸、老挝、柬埔寨等地区佛教神话中的神鸟，是佛祖释迦牟尼身边的动物使者之一，在印度神话中也被称作"紧那罗"，象征着艺术、慈爱、财富等等。大皇宫中的奇那瑞鸟神像上半身是一个美丽女子的造型，下半身则是鸟腿鸟爪，还长着美丽的尾巴。奇那瑞鸟神像大多出现在宫殿走廊的栏杆旁，高1米多。整座神像都贴满金箔，金光闪闪，右手结印放在胸前，左手插在腰间，表情和蔼沉静，刻画得十分细致。由于奇那瑞鸟也作为财神的伴神出现，放在这里就意味着会给王朝带来无穷的财富，寄托了人们美好的愿望。

看点 03　金翅鸟神像　泰国人民最崇敬的神鸟

金翅鸟像是大皇宫里最常见和数量最多的一种神像。金翅鸟是泰国人民最崇敬的一种神鸟，传说它是大神毗湿奴的坐骑，也称"迦楼罗"，法力高超而且经常跟随毗湿奴神降妖伏魔。而历代泰王则被认为是毗湿奴神的化身，所以在皇宫里到处都能看到这种神鸟的雕塑。它们或在门梁上，或在屋檐上，或在墙上，通常一组有数十只，排成一列，总数量达数百只。造型大同小异，都是鸟首人身，身着金盔金甲，表情凶悍，鸟嘴大张。脚下踩着代表邪恶势力的两条蛇，两只手臂上长着金色的羽毛，代表它的一对金翅，双手扯起蛇尾，好像要把蛇撕成两段一样。它们好象就是皇宫中的卫兵，神勇无比，永远不知疲倦地守护着皇宫。

看点 04 夜叉神像 佛教中是一种专门吃恶鬼的神

看点 05 大佛塔 玉佛寺的标志

大佛塔位于玉佛寺的正中心，也被称作乐达纳舍利塔，它也是玉佛寺的标志性建筑。这座塔呈现出斯里兰卡式人字塔身的风格，线条十分流畅，尖顶高耸入云，显得尊贵而华美，而且整座塔用金箔覆盖，通体的金色使其愈加富丽堂皇。塔身在阳光的照射下闪出耀眼的光芒，让人不禁感叹只有皇家才能建造出这么华丽的佛塔。塔的内部还有一座小塔，小塔里供奉着佛祖释迦牟尼的真身舍利，这是泰国佛教中至为珍贵的宝物。塔的其他地方则供奉着玉佛寺的历代高僧和泰国高级贵族的骨灰。这座塔以其优雅的造型和灿烂的外观吸引着每个人，即使身处大皇宫中，其人气一点也不逊于其他景点，是游人们竞相参拜的重要宗教场所。

夜叉在佛教中是一种专门吃恶鬼的神，他们力大无穷，但是对人类很友善。大皇宫里有数尊巨大的夜叉塑像，这些塑像通常站立在各个宫殿的门两侧，作用类似于中国的门神。每座夜叉像高达五米，都是身着金盔金甲的武士造型，手持长三米左右的降魔金刚杵，张着血盆大口，獠牙倒竖，外貌可怖。它们脚下踩着象征妖魔鬼怪的五条大蛇。大蛇表情痛苦，张开嘴作哀嚎状，使这些夜叉像更显得威风凛凛。值得一提的是，这里每一座夜叉像的主色调各不相同，有蓝色、绿色、白色等多种，而且每种颜色的夜叉像脸上的花纹也各不相同，反映出夜叉的各种性格。神像的铠甲和降魔杵上也刻有精美的花纹，是大皇宫里诸多神像中最具艺术感和最精致的一种。

看点 06 壁画　完整描绘印度史诗的神话故事

大皇宫中的各个宫殿里都绘有壁画，这些壁画制作精美，内容丰富，而玉佛寺的壁画最为游人们所津津乐道。玉佛寺的壁画画在玉佛寺正殿周围的回廊上，全长近千米。壁画的内容是完整的印度史诗《罗摩衍那》，主要讲述阿逾陀国王子罗摩和他妻子悉多的故事。这部史诗在印度文学史上具有举足轻重的地位，和《摩诃婆罗多》并称为印度两大史诗。壁画从正殿佛陀像旁边开始，用了近千幅精美的图案将这个神话故事完整地描绘下来，壁画里无论是人物，还是建筑、景物，都画得十分精致，好像活生生地立在人们面前一样。壁画中的人物甚至还用金粉描画，使得它们更为显眼。欣赏这幅长卷，人们好像徜徉于一个神话的世界之中，不知不觉就会沉浸其中。

看点 07 摩天建筑群　大皇宫建筑群之首

摩天建筑群是大皇宫内最核心的区域，也是大皇宫的早期建筑群，主要由三座宫殿组成，分别是国王上朝和处理政务用的因陀罗殿、国王的寝宫乍迦博碧曼宫以及国王加冕时用的伟大护国神殿。这三座宫殿都以高耸的尖顶、华贵的外观和绚丽的装饰而闻名，三座宫殿的高度也居整个大皇宫建筑群之首。因陀罗殿建于泰王拉玛一世时期，是这三座宫殿中年代最久远的；乍迦博碧曼宫则以守备严密而闻名；而伟大护国神殿的周围则聚集着大量的猴神像，庄严中显出一丝活泼。三座宫殿气势雄伟，外墙装饰着很多浮雕和雕像，帝王气派显露无遗。虽然这里现在属于国宾馆，一般游客不允许入内，但是人们依然可以从这几座宫殿的外观感受它们豪华绚烂的气势。

畅游泰国·曼谷

| 看点 08 | **节基殿** | 大皇宫里规模最大的宫殿 |

节基殿是大皇宫里规模最大的宫殿，建成于拉玛五世时期的1876年。"节基"含有"神盘"、"帝王"的意思，也是曼谷王朝的名称。这座宫殿是一座泰、中、西风格三合璧的宫殿，融合了泰国、欧洲及中国建筑的精华。它的大殿是英国维多利亚式的，而尖塔式的屋顶又是传统的泰国式的，石灰岩制作的墙壁则是古典中国式的，在大皇宫诸多宫殿中别具一格。层层叠叠砌成的屋顶是节基殿的特色之一。屋顶色彩丰富，上面铺有琉璃瓦，有的是黄色，有的是橙色，有的是宝蓝色，在阳光的照射下艳丽明亮。节基殿分正座、东座、西座三个部分，东座的顶层是一个古玩陈列室，第二层是国宾厅，下层是客厅；西座顶层安放历代皇后、亲王灵骨，中层是皇后赐见臣民的客厅，下层是图书馆。宫殿门前的一大片草坪上种有各种树木，形态各异，枝叶青翠，煞是好看。

| 看点 09 | **玉佛寺** | 皇室举行宗教仪式的地方 |

玉佛寺与大皇宫同建于1789年。作为皇室举行宗教仪式的地方，玉佛寺是曼谷最重要的寺庙，由拉玛一世在兴建皇宫时一并建造。玉佛就安置在大雄宝殿中，像高66厘米，由整块碧玉雕琢而成，通体苍翠，虽然多次经历战火的劫难，但至今依然保存完好，是泰国的第一国宝。每年换季时节，国王都会亲自为玉佛更衣。在玉佛前还有两尊小佛像，分别代表拉玛一世与拉玛二世，每一尊都用了38公斤黄金，再加上其他佛像和建筑装饰所用的黄金，玉佛寺使用的黄金总重量超过40吨，珍珠、宝石更是不计其数，无处不体现着奢华的气派。大雄宝殿西侧还有三座大塔，除了舍利塔外分别为藏经楼和碧隆天神殿，三座塔均有赛璐珞、彩瓷、金箔等装饰，流金溢彩、璀璨夺目。玉佛寺是整个泰国佛教的精神寄托，其精美豪华令人叹为观止。

02 卧佛寺
泰国现存寺庙中最古老的一座

卧佛寺又称菩提寺,是泰国现存寺庙中最古老的一座,这里香火旺盛,历代多有修缮扩建,因此成为泰国占地面积最大的寺庙。寺内的佛殿结构精巧,是泰国建筑艺术的瑰宝。雕梁画栋的大雄宝殿是这里的核心建筑,殿外栏杆的柱与柱之间,共有154幅用大理石雕刻的"拉玛坚"故事浮雕图案,有很高的艺术价值。这座雄伟的殿堂与那些各有特色的佛塔一起构成了卧佛寺最华美的景致。提到卧佛寺自然不能不提那座全长为46米的巨大卧佛佛像,这座壮观的佛像高15米,由砖石砌成并镶嵌金箔。大佛足掌长度就有5米,宽度有1.5米,上面装饰着由珍珠母贝壳镶嵌而成的108个吉祥图案,衬托着大佛安详平和的神情。大佛右手托头,再现他涅槃时刻之情状。德莱佛堂是该寺最为华美的建筑,它造型独特,大门的顶部有着3个佛塔似的装饰物,这3个尖顶全身上下都镶嵌着彩色瓷片,在阳光的照射下散发出耀眼的光芒。

TIPS
📍 248 Thanon Thai Wang, Phra Borom Maha Ratchawang, Phra Nakhon, Bangkok 10200, Thailand
📞 02-281-2831　💰 35泰铢　🚢 乘Chao Phraya Express渡轮至Tha-Thien站下　⭐⭐⭐⭐⭐

卧佛寺内大、小佛塔近百座,有"塔林"之称。最壮观的当属4座高达41米的大型摩诃佛塔,分别用青、白、黄、蓝四色瓷砖镶嵌塔身以作区分。它们巍峨耸立,是曼谷市内最辉煌的建筑群之一。和别的寺庙一样,卧佛寺殿堂的廊柱、墙壁、石碑上都刻有文字和图案,它们起着向民众普及各种知识的作用,包括建筑、历史、佛教、医药、卫生、格言、文学、暹罗属地和风俗习惯等多方面的内容。因此卧佛寺有着"泰国第一所大学"的美誉,至今仍是教授学徒传统泰式按摩技巧和医疗保健的地方。

03 王宫广场
泰国最具时空交错感的地方

TIPS
🚤乘Chao Phraya Express渡轮至Tha-Chang站下
⭐⭐⭐⭐

王宫广场地处泰国王宫的宫外，曾经是泰国王室的御用广场，是泰国最具时空交错感的地方。置身广场能够看到不同年代、不同风格的建筑物，它们无一不是经由名家之手设计建造而成的。椭圆形的广场四周分布着泰国的国家博物馆、国家剧院、国家艺术馆和曼谷守护神寺。站在广场上可以看到大皇宫那中国式的古老围墙和泰国式的尖顶。尖顶上面铺砌的琉璃瓦既有广为人知的金色，也有生动活泼的橙色，还有绚丽夺目的宝蓝色，它们在阳光的照射下散发出耀眼的光芒。

广场周围林木茂盛，是人们避暑漫步的好地方。在这里还能够将曼谷市内的众多现代化建筑一览无余，那一栋栋拔地而起的高楼大厦是泰国新时代的象征。王宫广场也是游客们用相机留下美好瞬间的绝佳去处，在这里能用镜头记录下曼谷市内的主要大学、政府办公大楼等主要景点的远近景。如今每逢重要节日，泰国国王都会在这里主持庆典，那时广场就成了人们欢乐的海洋。

04 泰国国家博物馆
全世界最独特的博物馆

泰国国家博物馆建在流经曼谷市区的湄南河支流上，是由古代泰国王室的御用船坞改建而成，这使得它有着难以言喻的独特魅力。这座东南亚最大的博物馆，收集了从远古的石器时代到现代社会不同阶段的各种珍稀物品及生活用具。收集得最为齐全的是泰国各个时期的雕刻和古典艺术品，以及民间传统艺术的杰出代表——木偶和皮影戏用具等。

这座博物馆中最引人注目的藏品当属那一艘艘金光闪烁的龙凤舟。它们是古代泰国王室的御用船只，船身镶嵌有金箔和珠宝翡翠，既彰显出王室的华贵之气，又将船只装点得富丽堂皇。供国王夫妇乘坐的船只被称为凤舟，它的船首宛如一只高高翘起的凤头，嘴上叼着一绺璎珞，姿态端丽，神情温柔。泰国国家博物馆内还陈列着许多珍贵的文物，既有历代泰王用过的武器和生活用具，也有各种历史文物。游客们既能看到出土的班清文化的古老文物、吞武里府女子古乐队的灰塑、西维差时期的指地印那伽光背佛像，也能看到有"泰国维纳斯"之称的阿瓦罗甘旦舜菩萨像、素可泰的著名石碑，至于古代兵器、服饰、乐器、陶瓷、五彩瓷、象牙雕、珠母镶嵌、木偶等民间用品更是应有尽有。

TIPS
Thanon Na Phra That, Phra Borom Maha Ratchawang, Phra Nakhon, Bangkok 10200 📞02-281-2224 💰100泰铢 乘Chao Phraya Express渡轮至Tha-Chang站下
⭐⭐⭐⭐⭐

05 郑王庙
泰国的王家寺庙之一 赏

气势雄伟的郑王庙是泰国的王家寺庙之一，是为纪念带领泰国人民争取独立的民族英雄、第41代泰王郑信而建的庙宇。这组壮观的建筑群位于湄南河畔，占地面积之大在泰国屈指可数。寺内有佛足印的四方殿、佛塔、王冠形尖顶的门楼、佛亭、6米高的巨魔雕塑、回廊、假山以及中国石像等景点，各有特色。郑王庙的主塔庙堂是供奉郑王像的地方，殿内的郑王塑像英武肃穆，有着非凡的气势，殿内展有他的遗物，作为镇庙之宝供人参观。那一个个悬挂着的中国式灯笼是这位华裔加深泰中两国亲缘关系和深厚友谊的最好证明。

TIPS

Bangkok Yai, Bangkok 10600, Thailand ☎02-891-1149 20泰铢 乘Chao Phraya Express渡轮至Tha-Tien站，换乘Wat Arun接驳船即达 ★★★★★

郑王庙中最具魅力的建筑当属那一座座拔地而起的高塔，尤其是近80米高的巴壤塔更是有"泰国的埃菲尔铁塔"的美誉。这座婆罗门风格的佛塔造型古朴而庄重，方形的塔身上镶嵌着由各色碎瓷片组成的各种花纹，在阳光的照射下散发出绚丽的光芒。巴壤塔呈方形又如山峰般逐级缩小。塔的底部绘有巨幅图画，内容都取材于佛教典籍，其技法之精美令人叹服。这座巨塔的周围还有4座陪塔，共同构成了壮丽的塔群。游客们可以登临塔顶鸟瞰四周，无论是曼谷繁华的都市风情，还是奔腾不息的湄南河，都能尽收眼底。

每年12月，郑王庙会举行盛大的托的卡定祭典，它不但是这里最大的庆典，也是泰国王室的重要祭典之一。

---

06 城市之柱
曼谷的守护支柱 赏

城市之柱是泰国城市的地标性建筑，它是每座城市的守护支柱，是市民们祈盼祥和安宁生活的象征。曼谷的城市之柱也是曼谷奠基石，根据泰国的传统习俗，它被认为是一座城市兴旺发达的象征。这根金色圆柱的安放时间和安放地点都需要经过大师的精心推算。安放城市之柱的神殿是一栋华丽的泰式建筑，曼谷市民常在这里为家人祈求平安。

TIPS

乘Chao Phraya Express渡轮至Tha-Chang站下 ★★★

07 国家剧院
泰国最著名的严肃艺术表演中心之一

位于曼谷市中心的Na Phra That路上的国家剧院是泰国最著名的严肃艺术表演中心之一，也是泰国传统经典戏剧的官方演出中心。在这里观众不仅能够欣赏交响音乐会、现代舞蹈、演唱会等现代艺术表演，还能欣赏到具有泰国独特风情的艺术表演，著名的"箜"舞就是其中之一，演员们佩戴着传统的泰式面具，用灵活的身体展示出令人瞠目结舌的舞姿，迅速点燃台下观众的热情。

国家剧院的设备先进，观众在这里可以享受到完美的视听效果，把那一幕幕美丽的画面和一个个精彩的舞姿印在心中。

TIPS

📍 2 Rachini Road, Phra Borommaharatchawang Sub-District, Phra Nakhon District, Bangkok 10200 ☎ 02-221-0174 💰 40泰铢 🚌 乘Chao Phraya Express渡轮至Banglumpoo站下 ★★★★

08 国家艺廊
曼谷著名的艺术展览中心

位于水门区的国家艺廊是曼谷著名的艺术展览中心，主要展出泰国知名艺术家创作的近现代艺术作品，是了解近现代泰国艺术成就的绝佳场所。这座艺术展览馆是一栋八层高的现代建筑，钢筋铁骨的它在古代建筑居多的曼谷市区显得别有特色。

这座博物馆除了传统的静态展览外，还有现在流行的各种影像展览，主要记录泰国当代戏剧的发展历程和精彩片段。在国家艺廊里可以看到泰国艺术家们的心血结晶：在摄影作品区能够看到摄影师们用镜头记录下的真实世界，既有大自然的壮丽风光，也有民间百姓的淳朴生活和王室的华贵生活景象；充满各种时尚元素的物品秉承了设计师的理念，展现了年轻人的活力与风采。除此之外，这座艺术殿堂中还有供各种大型会议与艺术表演使用的大礼堂、进行演说和小规模展览的多功能厅、功能齐全的会议室、藏书众多的图书馆以及商业区等设施。

TIPS

📍 Thanon Chao Fa, Chana Songkhram, Phra Nakhon, Bangkok 10200 ☎ 02-282-2639 💰 10泰铢 🚌 乘Chao Phraya Express渡轮至Banglumpoo站下 ★★★★

09 秋千寺
婆罗门教的大秋千 赏

建于泰王拉玛三世时期的秋千寺迄今已有100多年历史，寺院正前方高高耸立的红色秋千架由两根巨大的柚木架起，高22米。秋千架是依照婆罗门教的古老习俗，为恭迎天神来到人间，举行庆典而建的标志建筑。此外，秋千寺内的墙壁上还绘有精致的佛教故事的大型壁画，与雕工精湛的佛像堪称镇寺之宝，据说当年均是由中国高手匠人制作后，不远万里运到泰国，因而十分珍贵。

TIPS

📍146 Bamrung Muang Road Ratchabophit Sub-District, Phra Nakhon District, Bangkok 10200, Thailand ☎02-224-9845 🚌乘10、12、35、42路公交车即达 ★★★★

10 大理石寺
泰国诸多王家寺庙中最晚建成的一座 赏

大理石寺是泰国诸多王家寺庙中最晚建成的一座，而且因其独特的建筑材质，在世界众多佛教庙宇中也有着特殊的地位，同时也被誉为泰国最美的佛寺。这座20世纪初才完工的寺庙兼具了东西方风格，它没有泰国寺庙中随处可见的传统佛塔，反而出现了池塘、凉亭、拱桥等园林景观，因而更具有现代气息。大理石寺的设计者是泰王拉玛五世的庶弟，他决定采用意大利出产的名贵大理石料作为各殿堂的建筑材料，屋顶则铺满了产自中国的琉璃瓦。亮丽辉煌的殿内装饰和简朴大方的殿堂外观形成了强烈的对比，而那些镶嵌着彩色玻璃的长窗与回廊上千姿百态的佛像，都是令人百看不厌的佳作。

大理石寺内殿堂众多，主殿是最为华美的一座，殿内供奉着佛祖释迦牟尼和清拉佛的佛像。主殿后方的庭院中则安放着50余座大小不一的佛像，它们是泰国各个时期不同类型的佛像代表，这些佛像吸收融合了中国、印度两大艺术传统的精华，有着动人的风姿。清晨时来到大理石寺可以听到僧人肃穆的梵唱，低沉的声音给人们带来安宁祥和的感觉。

TIPS

📍Thanon Si Ayutthaya, Dusit, Bangkok 10300 ☎02-282-7413 💰20泰铢 🚌乘72、503路公交车即达 ★★★★

畅游泰国 · 曼谷

11 维曼默宫
泰国王室居住的宫殿 赏

维曼默宫是目前泰国王室居住的宫殿，位于曼谷的杜色地区，也被称作"神仙殿"，是泰国建筑艺术的杰出代表，具有超凡脱俗的气质和独特的浪漫氛围。这座宫殿建成于20世纪初，原本是泰王拉玛五世的行宫，后因其废除奴隶制并带领泰国人民走进新时代而广受赞誉，这座行宫也就成为他的纪念馆。

TIPS
🏠 Dusit, Bangkok 10300　☎ 02-628-6300　💰 100泰铢
🚌 乘503、510路公交车即达　★★★★

维曼默宫是一座全柚木的宫殿，也是全世界最大的柚木建筑。它通体金黄，色彩绚烂，在阳光的照射下散发出璀璨的光芒，是游客们认识泰国建筑和拍照留念的好地方。这座具有鲜明泰式风格的宫殿共分3层，各种房间共有81间，还有种植各种鲜花的室内花坛，其设计之精巧着实令人称奇。维曼默宫的内部装饰延续着泰国宫殿的一贯传统，佛教的各种元素在这里随处可见，无论是华丽的佛像还是精美的壁画，无不流露出典雅华贵的风范。

12 皇家船坞
泰国国家博物馆中最著名的景区 赏

TIPS
🏠 Arun Amarin, Bangkok Noi, Bangkok 10700, Thailand
☎ 02-424-0004　💰 30泰铢　🚢 乘Chao Phraya Express渡轮到船屋右侧即达　★★★★

皇家船坞是泰国国家博物馆中最著名的景区，这里曾是古代泰国王室的御用码头，是举行各种盛大游行的起点。到了20世纪70年代，这里被改造为展示王室用过的舟船的地方。因为展馆空间的限制，无法将那些曾经的御用船只一一展出，只能选择其中的代表供人参观。Suphannahong是一艘金色的驳船，曾经承载过多任泰王，它的头部宛如一只展翅高飞的天鹅。值得一提的是这艘船是拉玛七世发动六月政变的地方，在泰国的历史上占有极为重要的地位，是泰国迈入现代世界的里程碑。在它的周围还有运送各种衣物与鲜花的随行船只Anantanagaraj号以及装载国王专用座椅的游艇Anekcharphutchong号。

此外，皇家船坞内还展出王室出游时所用的众多工具器物，既有划船用的桨、帆等，也有王室成员所用的椅子。在这里还能看到过去王室用船的各种资料。

13 英塔威韩寺 〔赏〕
供奉金色立佛的寺院

英塔威韩寺建于泰王拉玛四世在位时期,由于寺庙中供奉一尊高32米的巨大金色立佛,因而又被称为立佛寺,是一处香火旺盛的寺庙。除了金色的巨大立佛外,英塔威韩寺还有从斯里兰卡请回的佛像与佛陀舍利子,都是非常稀罕的圣物。

TIPS
- Wisut Kasat Road 114, Banglamphu, Bangkok
- 02-628-5500　乘3、6、9、30、65路公交车即达
- ★★★★

14 杜喜宫 〔赏〕
泰国著名的旅游景区

TIPS
- Dusit, Bangkok 10300　02-628-6300　70泰铢
- 乘503、510路公交车即达　★★★★

杜喜宫是泰国著名的旅游景区,它是由一座座极具古暹罗时期王室风格的建筑物组成。在这里游客们可以尽情领略泰国建筑的精髓。杜喜玛哈帕萨宫是这里的主殿,它的外形典雅大方,金色的尖顶在阳光的照射下散发出炫目的光芒。迈入大殿,十字形的殿堂空旷无比,只有一张金色的御椅安置在十字的交会处。这张御椅的下方是逐渐堆高的台阶,后方还有一顶金黄色的泰式金属华盖,精致华美的流苏层层叠叠连接在一起,看起来好似尖尖的佛塔。除了墙壁上绘有精致的壁画外,这间巨大的殿堂几乎空无一物,空间十分宽广,给人一种空灵俊秀的感觉。

阿枫菲茂亭建于杜喜宫与却克里大殿之间的草坪上,它的尖檐如翅,做工考究,顶部的金色琉璃瓦绽放出的绚丽光芒令人无法直视,它的梁柱之间还系有金橘色的泰丝幔帘,有着古暹罗时期所独有的风流雅韵的气质。

15 民主纪念碑
一座匠心独具的纪念碑

TIPS

📍 Thanon Ratchadamnoen Klang, Bowon Niwet, Phra Nakhon, Bangkok 10200　🚌 乘2、39、44、511、512路公交车即达　★★★★

曼谷市区的民主纪念碑是一座匠心独具的纪念碑,它的外形是一座堡垒,用于纪念结束君主专制的六月政变,同时也是泰国现代社会的见证者。这座纪念碑建成于1939年的6月24日,与政变的爆发之日相隔了整整七年。它构思巧妙,富有深刻的含义。四面各立一根形似机翼的长柱,环绕着正中的纪念碑,柱高24米,与纪念碑主体的距离也是24米,象征着政变爆发于24日。柱上的浮雕则是政变过程的记录。

纪念碑主体的四周曾摆放75门大炮,大炮摆放在3米高的炮台之上,意在纪念政变爆发于佛历二四七五年三月。如今这些大炮尚存6门,分别代表政变方銮披汶·颂堪政权的六大公开政策。在六面体的纪念碑碑身的每一面上,都刻绘着一柄宝剑,分别表示独立、安定、平等、自由、经济、教育六大政治纲领。整座纪念碑庄严肃穆,四周的附属建筑也是各有寓意。

16 帕拉苏门古碉堡
曼谷地区保存最为完好的炮台之一

帕拉苏门古碉堡是泰王拉玛一世下令修建、曼谷地区保存最为完好的炮台之一,也是一个著名的旅游景点。这座炮台修建于18世纪末,迄今已有200多年的历史,其作用是保护曼谷老城区东部的安全并在战时封锁湄南河上的交通。从远方遥望帕拉苏门古碉堡,就犹如看到了一件精美的艺术品,白色的墙壁在阳光的照射下动人心魄。走近碉堡可以看到墙壁上的处处斑驳,这是岁月留下的痕迹。

这是一座典型的泰国古典防卫建筑,从基座到堡垒顶部既达到了军事上的各种要求,又被建造出令人惊叹的美感。帕拉苏门古碉堡的炮口处还保存有曾用过的几门古炮,这些历经风霜雪雨洗礼的卫士仍在坚守着自己的岗位,为了曼谷的和平生活贡献自己的力量。登上碉堡的顶端可以遥望湄南河的美好风景,将河面上那百舸争流、千帆并进的繁华景象尽收眼底。

TIPS

📍 Phra Athit Road, Bangkok 10200　🚌 乘30、53路公交车即达　★★★★

17 Sunset Bar Garden&Restaurant
感受曼谷的都市风情

Sunset Bar Garden&Restaurant是一家露天餐厅，来到这里的人们可以一边感受曼谷的都市风情，一边品尝独特的泰国美食。该饭店一反普通露天餐厅的热闹喧嚣，有着幽静平淡的氛围，来到这里的食客能品尝到泰国民众经常食用的普通饭菜，充满了生活的气息。这个饭店的食物以泰式饭菜为主，当然也有各式海鲜和酸辣汤、糖醋鸡饭等传统家常菜，而价格却远比曼谷市内的普通饭店便宜，因而深受食客喜爱。

傍晚时，Sunset Bar Garden&Restaurant食肆之中弥漫着饭菜的香气，不由令人食指大动，这里的套餐价格便宜，但味道不错，令人赞不绝口。

TIPS
201 Khao Sarn rd. Phranakorn, Other Zone, Bangkok
02-282-5823　乘Chao Phraya Express渡轮至Phra Athit Rd.站下　★★★★

18 Tm Yum Kung
品尝现代泰式食品

位于考山路的Tm Yum Kung是一家以现代泰式食品为特色的餐厅，来到这里的人们可以在欧美风情的环境中品味风味独特的食物。这个饭店的装饰有着优雅的氛围，充满了休闲与华美的格调，因此成为曼谷社会名流汇聚的地方。该饭店的饭菜味道鲜美，令人赞不绝口。如泰式酸辣汤在保持传统风味的同时又符合现代人的口味，是这里的名品，而泰式凉拌青木瓜也是备受好评的美食。来到这里可以感受独特的饮食氛围，能够了解泰国的传统饮食在全球化潮流的冲击下所做出的改变。

TIPS
Trokmayom Jakapong Road 9, Bangkok 10200　02-629-2772　乘Chao Phraya Express渡轮至Phra Athit Rd.站下　★★★★

畅游泰国　曼谷

19 Khinlom Chom Sa Phan

以海鲜美食为主打产品的饭店

TIPS

🏠 11/6 Samsan Soi3, Samsan Rd., Watsampraya, Phra Nakhon, Bangkok 10200 ☎ 02-628-8382 🚤 乘Chao Phraya Express渡轮至Phra Athit Rd.站下 ★★★★

位于Samsan区的Khinlom Chom Sa Phan是一家以海鲜美食为主打产品的饭店，因其物美价廉而广受好评。这家饭店位于风景秀丽的昭批耶河畔，游客们在这里可以一边品尝泰国的民间美食，一边欣赏那宁静秀美的都市水岸风光，这也是该饭店的独特之处。傍晚时，餐馆之中弥漫着饭菜的香气，不由令人食指大动，那些一字摆开的食物原材料等待着食客的挑选。Khinlom Chom Sa Phan所出售的食物大都是曼谷市民的家常饭菜，既有虾酱炒空心菜，也有烤大头虾、清蒸螃蟹等美味。该饭店从中午开始营业，一直到次日深夜两点多才关门，各种特色菜令不少人心动。

---

20 Mango Lagoon

集泰国和意大利美食于一体的餐厅

位于Mango Lagoon旅馆地下室的意大利餐厅是一个著名的美食场所，这里集合了意、泰两国的各种佳肴，食品融合了东、西方美味的精髓，既有意大利美食的特色，也有泰国美食的独特风味，令品尝过的人们赞不绝口。该餐厅的老板是意大利人，老板娘则是泰国人，所以在保留意大利菜层次分明、多重口感的同时，又精心改进，使之符合亚洲人的口味。这种新的做法使菜肴的口味异常出色。当然这里泰国菜的味道也是一绝，各种配菜也用得相当出色，东、西方的食客都会在这里找到最熟悉的味道。

TIPS

🏠 30 Soi Ram buttri, Phra Athit Road, Banglamphu, Bangkok ☎ 02-281-4783 🚤 乘Chao Phraya Express渡轮至Phra Athit Rd.站下 ★★★

21 金佛寺
泰国最值钱的佛寺

金佛寺因寺里的金佛而得名,被认为是泰国最值钱的佛寺。这座寺庙的出资者是三位华人,所以又被称为"三友寺"。寺庙典雅大方,高耸的尖顶铺满了金色的琉璃瓦,殿堂简朴整洁,黄色的墙壁上没有任何装饰物。

TIPS
Talat Noi, Samphanthawong, Bangkok 10100 02-659-9000 乘BTS至Saphan Taksin站下 ★★★★

金佛寺内的金佛高近4米,总重约5吨,是世界上最大的金佛像,金光闪烁之时令人咋舌不已。这座盘腿而坐的佛像造型精美,表情庄严肃穆,佛像体形纤细,与中国式佛像的圆润风格极为不同,是泰国素可泰时代艺术品的杰出代表,也是泰国及其佛教界的无价之宝。佛像的前方摆放着色彩缤纷的花朵,更能衬托出金佛的非凡气势。

22 Sirocco
全球最高的都市观景餐厅之一

Sirocco被誉为全球最高的都市观景餐厅之一,它位于State Tower街区的Meritus饭店楼顶,63楼楼顶的球形建筑是曼谷市内最醒目的景点之一,无论在哪里都能看到。法式大餐是这里的招牌菜,饭店还聘请法国的名厨来掌勺,味道令人赞不绝口。Sirocco同时还提供泰国菜等众多菜系的佳肴,无论喜欢什么口味的来客都能找到适合自己的美味,因此成为曼谷最为热门的餐馆之一。每天的19:00—23:00,这里会有爵士乐队演奏优美的歌曲,此时品尝着美味佳肴,俯瞰曼谷美好的都市夜景,实在是一种美的享受。这家饭店要求食客身着正装才能进入,也是卖点之一。

TIPS
1055/111 Silom Road, Bangkok 10500 02-624-9555 乘BTS至Saphan Taksin站下 ★★★★

23 Bug&Bee the Café with a Buzz
现代流行色彩的新兴饭店 吃

位于Silom路上的Bug&Bee the Café with a Buzz是曼谷近年来新兴的一家饭店，极具现代流行色彩。这家餐厅以时下流行的快餐类食品和欧美佳肴为主，许多美味都是店家的别出心裁之作。这里以法国的可丽饼作为众多菜肴的主要配菜，无论是甜点还是意大利面、春卷、千层面，这些来自不同国家、不同菜系的食品都能在这里看到。有趣的是，该店还把可丽饼做成粉末，作为各种新鲜水果饮料的辅助调料，因此让它们获得了独特的味道，令人赞不绝口。Bug&Bee the Café with a Buzz还提供免费的网络供食客使用，因此来到这家24小时营业的饭店还能了解到新鲜的新闻信息。

TIPS
📍 Silom Road, Bangkok 10500　☎ 02-632-8883　🚇 乘BTS至Sala Daeng站下 ⭐⭐⭐⭐

24 中国城
曼谷市最繁华的商业区之一 逛

曼谷的中国城是该市最繁华的商业区之一，这里从20世纪30年代开始就是一处人流汹涌的购物街。中国城不仅是购物的天堂，这里还有众多的古迹隐藏在大街小巷之中供人发掘。既有金光璀璨的金佛寺，也有庄严肃穆的芒堪寺，而清幽肃穆的道观则是中泰友谊的见证，西方舶来的圣玫瑰教堂则是东西方文化交汇的体现。这里的大街小巷四通八达，商家众多，既有"高记"、"买记"这样的百年老铺，也有时下流行的各种专卖店、直销店。

在这里可以购买到各种新奇有趣的手工艺品，除了产自印度的熏香外，还有惟妙惟肖的神像雕刻。家庭作坊生产的纺织品、手镯等也都是不可多得的佳品。价廉物美的服装也是这里的特色商品，尤其是泰国的民族服装更是深受世界各地游客们的青睐。游客在这里既可以品尝来自东南亚各地的美味佳肴，也有机会品尝誉世界的中华名菜。走进中国城，各种香气扑面而来，令人垂涎三尺。

TIPS
📍 Rong Mueang, Pathum Wan, Bangkok 10330, Thailand
🚇 乘地铁至Hua Lamphong站下 ⭐⭐⭐⭐

25 曼谷中央火车站
曼谷最大的火车站

TIPS

📍Rong Mueang, Pathum Wan, Bangkok 10330　☎02-220-4334　🚇乘MRT至Hua Lamphong站下　★★★★

曼谷中央火车站是曼谷的交通枢纽，也是曼谷最大的火车站。这座火车站是座欧洲风格的建筑，巨大的圆顶是其最醒目的标志。火车站内简朴大方，没有多余的装饰物，川流不息的人群在这里汇聚后又各奔东西。这座火车站内没有候车室，更没有长长的天桥、地道，旅客们可以直接来到月台等候火车，这让习惯穿越重重关卡的中国游客颇感新奇。

泰国火车站的一大特点就是拥有自己的浴池，这让生活在炎热地区又要东奔西走的人们获得了清洁身体、放松神经的机会。曼谷中央火车站自然也不例外，该站的浴室与卫生间连在一起，一些初来乍到的游客往往过其门而不知。火车站内还有各种风味小吃出售，价格与站外相差不大，味道也还行。此外站内还有咖啡厅、书店、甜品店等处可以消磨等车的时间，车站每一边的楼梯拐角则是存包处。

---

26 恳记苦茶店
曼谷古老传统文化的缩影

TIPS

📍390 Yawarat Road, Bangkok 10400　☎02-224-5296　🚇乘MRT至Hua Lamphong站下　★★★

　　位于拉玛四世大道的恳记苦茶店是一家出售泰国传统饮料的小店，它也是曼谷古老传统文化的一个缩影。曾几何时，一家家苦茶店遍布曼谷的大街小巷，但是随着时代的发展，这家苦茶店成为昔日辉煌的仅存硕果。恳记苦茶店的招牌是用中、泰两国文字书写的，这也证明了两种文化的交汇与融合。苦茶是流行于泰国的一种饮料，有两种口味，一种是原味，味道有些苦涩；一种则是甜味，因此又被称为八宝甜茶。这种饮料有着清热润肺的功效，因而深受传统泰国人的欢迎，虽然与现代流行饮料有些差距，但是这种古老的味道却十分适合寻找不同感觉的旅游者。

27 林真香　买
60年历史的老铺

位于耀华乐路上的林真香是一家拥有60余年历史的老铺，分为林真香本铺与合记林真香两家，经营猪肉干、鱿鱼片、肉松、腰果、水果干等小吃，其中最受欢迎的就是猪肉干和鱿鱼片、肉松，经常可以看到有观光客在这里大排长龙，甚至还有整箱购买的游人。

TIPS
⌂ 390 Yawarat Road, Bangkok 10400　☏ 02-224-5296　🚢 乘Chao Phraya Express渡轮至Ratchawong Piern站下　★★★★

28 露天美食街　吃
美食音乐盛宴

位于桑仑夜市1号入口的露天美食街是曼谷当地人和众多游客的最爱。每到夜晚都会有乐团在美食街正中的舞台演唱，而四周则是近百家美食摊位。除了泰式小吃外，还有不同国家的美食料理与超大桶的啤酒供人选择。在曼谷游览一天后来到这里，一边品尝美味料理，一边与三五好友同饮同乐，还可去毗邻的桑仑夜市逛街购物，是体会曼谷当地人夜生活的绝佳去处。

TIPS
⌂ 桑仑夜市1号入口　🚇 乘MRT至伦批尼站下　★★★★

29 桑仑夜市
曼谷最大的夜市

TIPS
📍 62 Langsuan Road, Lumpini, Pathumwan, Bangkok 10330
📞 02-651-9501　🚌 乘53路公交车即达　★★★★

　　桑仑夜市位于曼谷市中心东南,是曼谷最大的夜市。夜市交通便利,紧邻Sky Train2号线的Sala Daeng站和地铁(MRT)的Lumphini站。目前夜市里约有3000家店铺、餐厅与杂货店,同时还有一家泰国艺术戏院。普通夜市一般给人们的印象是拥挤、脏乱,而桑仑夜市却完全不一样,3000多家商铺排列整齐、井然有序,商品包罗万象,给游客营造了舒适、整洁的购物环境。桑仑夜市每天黄昏时分开始营业,这里大部分商品价格都比商场、专卖店的便宜三分之一,所以被公认是泰国最佳的淘宝市场。夜市的小店都很有特色,各式古董家具古色古香,精致的手工艺品也充满了泰国特有的民族风情。泰丝、棉织品、首饰盒、银器制品等都是馈送亲朋好友的不错选择。每当夜幕降临,这里就变得人头攒动,摩肩接踵,十分热闹。要完整地逛完夜市确实需要很棒的体力,不过要真是逛累了也不用担心,夜市也有很多酒吧或是食品摊提供游客歇脚。酸辣口味的小吃、串烧,新鲜的水果,都让人胃口大开。吃饱了和朋友坐下来喝杯冰爽的啤酒,同时欣赏免费的泰式歌舞表演,惬意极了!此外,在夜市买东西时要记得杀价,在原价基础上杀掉30%~50%的价格才是最实惠的。

30 Paulaner Beer Garten
曼谷著名的啤酒屋

　　位于桑仑夜市的Paulaner Beer Garten是游客休闲放松的好地方,这里也是曼谷市民休闲放松的地方。这个餐厅的装饰以轻松明快为主题,主调是古朴典雅的褐色,整体装饰则有着古老的韵味,四周摆满绿色植物,充满浓浓的异国情调,令人印象深刻。这里是曼谷著名的啤酒屋,来此用餐的人们既可以坐在室外的露天区,感受独特的情调,也能坐在室内,吹着空调,感受独特凉爽的气息。该饭店还会在每天15:00至次日凌晨2:00这一时段安排乐队进行演奏,营造令人放松的休闲氛围。

TIPS
📍 Langsuan Road, Lumpini, Pathumwan, Bangkok　📞 02-361-6257　🚇 乘MRT至Lum Phini站下　★★★★

畅游泰国｜曼谷

31 Naatayasala Hun Lakorn Lek
具有现代气息的泰国风味 吃

TIPS
🏠 1875 Rama IV Road, Lumpini, Pathumwan, Bangkok 10330　☎ 02-252-9683　🚇 乘MRT至Lum Phini站下
★★★★

　　Naatayasala Hun Lakorn Lek是一家以新式泰国菜为主打产品的餐厅，来到这里的人们可以品尝到具有现代气息的泰国风味，这里的泰国厨师喜欢用各种配料，如蒜头、辣椒、酸柑、鱼露、虾酱之类的调味品来调味，煮出一锅锅酸溜溜、火辣辣的泰式佳肴。在这里可以吃到海鲜、水果和当地特产等不同美味，这里的炖汤更是令人回味无穷。除了美食，Naatayasala Hun Lakorn Lek最特别的地方是有独特的泰国木偶艺术表演。这种艺术表演是泰国独特的人文风情的一个缩影，而品尝美食、观看表演的独特体验在别处是难以享受到的。

32 帕蓬夜市
曼谷市最早的夜市 逛

　　帕蓬夜市位于帕蓬路，是曼谷最早的夜市之一。帕蓬路是曼谷一条老旧的街道，分为一、二街，街道两侧分布着各式酒吧、迪厅、按摩院。一到傍晚，小商贩们就会占据有利的位置摆摊做生意。

　　不同于别的市场摊位在路两侧，帕蓬夜市的摊位在路中央，游客在两侧，这也使夜市显得有些拥挤。夜市主要贩卖服装、各式手工艺品、手表、光碟等物品。在摊位上，游客也会发现很多大品牌的衣服或手表，不过这些商品是真是假就不好说了，没有很高分辨能力的游客还是要谨慎出手。帕蓬夜市的商品价格也比较平民化，大部分也都可以讲价。语言不通的话商家会把价钱打到计算器上，游客也要把自己满意的价格再次打到计算器上，这么来往几次，价格也就慢慢杀下来了。游客在看到自己心仪的商品时也不要急于出手，货比三家，多逛逛，对比一下。或许买到什么东西不重要，杀价、挑选的过程却很有意思。这里虽然也有许多酒吧、按摩院等，不过由于临近曼谷最著名的红灯区，逛累的游客还是要谨慎挑选歇脚的地方。

TIPS
🚌 乘15、76、514路公交车即达　★★★★

33 札都甲周末市集
每天开放的周末市集

逛

TIPS

📍 Paholyothin Road, Bangkok 🚇 乘MRT至Chatuchak Park站即达 ★★★★

札都甲周末市集位于地铁Mo Chit站，虽然叫做周末市集，但实际上是每天都开放的，不过每到周末的时候，这里云集的摊贩会比平时多很多，非常热闹。札都甲周末市集非常大，分为25个区域，集合了1.5万家小店，最大客流量超过20万人，所以这里当之无愧是泰国最有名的跳蚤市场。集市分工艺品区、家居饰品区、服饰区等，大到家饰家具，小到手工艺品，应有尽有。集市上的商品有的产自泰国本地，颇具民族特色，有的则来自日本、韩国、中国等亚洲其他国家。尤其是服装，这里出口日韩的服饰价格要比当地便宜一半。不过，由于市场太大，一天能逛完3个区域就算是高手了。当然，来这里买东西也要杀价，商家出价后基本上还可以砍掉一半的价格。

中国游客在逛市场前可以在游客中心领一份免费的中文地图，以免在市场里迷路。虽然物美价廉，但札都甲周末市集的购物环境确实不算很好，由于没有冷气空调，人又多，市场里很闷热。游客要尽量穿轻薄的衣服和平底鞋前往，擦汗的毛巾也是必不可少的。

畅游泰国 | 曼谷

34 昭披耶河
泰国的河流之母

赏

TIPS
🚇 贯穿曼谷市区 🚢 乘渡轮即达 ★★★★

昭披耶河又叫湄南河，由宾河、难河等河流汇成，于曼谷附近流入曼谷湾，注入太平洋。全长1352公里，流域面积17万平方公里。昭披耶河贯穿曼谷市区，流经大城，是泰国最主要的河流，被称为孕育生命的源泉，泰文意为"河流之母"。昭披耶河在城市交通运输及沿岸居民生活中扮演着重要角色。发达的水上交通为市民和旅客带来了便捷，低廉的票价让渡轮成为很多人出行的首选。水上市场和运输货物的船只则满足了贸易需求，带来了人们生活的必需品。游客们也可以乘观光船欣赏昭披耶河的美景。白天，游船共停靠9个港口，途经曼谷市的很多知名景点，中国城、卧佛寺、大皇宫、郑王庙、考山路等均离港口不远，步行可达；晚上，昭披耶公主号游船是许多游客的首选。这条豪华游轮为欧式风格并提供西式自助餐。整个游程共2小时，途径拉玛八世桥、帕平拷桥、拉玛一世桥等景点。游客可在露天座位上一边品尝美食，一边欣赏昭披耶河的美丽夜景。

35 印度庙
曼谷印度教信徒的信仰中心 赏

TIPS
- Silom, Bang Rak, Bangkok 10500　02-238-4007
- 乘15、76、514路公交车即达　★★★★

　　由五颜六色的浮雕和高耸佛塔装饰的印度庙建于1879年，是一群在曼谷工作的印度商人筹资修建的印度教庙宇，经过100余年的陆续扩建形成今天的规模。印度庙在街边颇为醒目，是曼谷印度教信徒的信仰中心。印度庙中供奉着湿婆神与神坛正中金黄色的乌玛女神，充满浓郁印度风情的装饰令人恍如置身印度一般。参拜时可向神像抛鲜花，或用清水洒在神像前的法器上，或是奉上鲜果。还可以买上一些佛像、信物等随身携带，据说可以保佑平安。参拜寺庙时还需注意，庙内是不允许拍照的，参观时还要脱鞋。印度庙临近曼谷的商业中心，参观完寺庙不如去周边逛一逛，这里云集很多专卖店、餐馆，是个购物休闲的好地方。每年印度教祭祀三神的祭典Navaratri Festival期间，印度庙都会举行规模宏大、延续9天9夜的庆典活动。

36 Sphinx
价格不菲的曼谷顶级餐厅 吃

　　Sphinx是一家别出心裁的餐厅，这里以独特、华美的装饰而知名，在曼谷众多顶级餐厅中也算是价格不菲的一家。饭店的整体装饰风格有着鲜明的古埃及色彩。独特的烛光和金黄色的墙壁与支柱制造出的神秘氛围是该店的卖点之一。这家饭店的菜肴以泰菜中的Fushion菜系为主，但是做法却作了改进，使之更接近于现在风靡全球的西餐，即使是炒河粉也会给人带来全新的享受。Sphinx将东、西方古老的文化与现代时尚特色完美地结合在一起，无论多么挑剔的食客也会对此赞叹不已。

TIPS
- 100 Silom Soi 4 Bang Rak, Bangkok 10500　02-234-7249
- 乘BTS至Sala Dang站下　★★★★

37 席隆村

曼谷最重要的商业和金融区

TIPS

📍 Bang Rak, Bangkok　☎ 02-234-4448　🚇 乘BTS2至Surasak站下即达　★★★★★

席隆村总是人流不断，熙熙攘攘，聚集了大量本地人和外地游客。这里是曼谷最重要的商业和金融区，每天都有大笔的买卖成交。席隆村原是席隆路上的一个原始村落，1908年政府对这里进行了重建，将这个村落改为餐厅和工艺商品店。席隆村现共有15座建筑，都保留了传统的泰式风格，柚木建造的尖形屋顶看上去别有一番风味。1981年泰国皇室曾为这里颁发凭证，奖励村落保持了完整的泰国历史风情。席隆村现在最著名的就是工艺品店和海鲜餐厅。席隆旅游中心也售卖棉布、泰丝、手工艺品、首饰品、木雕等泰式纪念品。此外，拉玛宝石店是一家老字号的珠宝店，出售的饰品很精致，价钱也很平民化。Design Thai则是一家专卖泰丝的商店，里面的服饰设计一流。席隆村海鲜餐厅的美食则是让人食指大动。餐厅环境优美，干净整洁，所有的海鲜也保证新鲜。在这里用餐还可以免费观看泰国的手指舞等表演。

38 Aldo's Mediterranean Bistro and Wine Bar
以欧式餐点而享誉曼谷的餐厅

位于South Sathorn路的Aldo's Mediterranean Bistro and Wine Bar是一家以欧式餐点而享誉曼谷的餐厅，是该市最著名的欧式餐馆。这里曾经接待过泰国王室和各国政要，不少来泰国度假的好莱坞明星也对这里情有独钟，足可见此店的美味是多么地吸引人。这里的诸多美食都深得法国大餐的精髓，既有令法国总理赞不绝口的香烤地中海鲔鱼排，也有令人垂涎三尺的法国南方风味沙拉，而用泰国大头虾作为馅料的意大利水饺更是这里的招牌菜。餐厅所有的食物都是纯手工制作，味道、口感以及周围的环境，无不充满浓郁的西欧气息，令食客在心情放松的环境下享受饮食的乐趣。

TIPS
187 South Sathorn Rd 187, Bangkok10120　02-676-6969　乘BTS至Surasak站下　★★★★

39 爱乐威四面佛
曼谷最热闹的宗教景点

TIPS
Ratchadamri Road / Ratchaprasong Road, Bangkok　02-252-8754　乘BTS1至Chit Lom站下　★★★★

爱乐威四面佛位于曼谷市中心席隆商业区内，是曼谷最热闹的宗教景点。四面佛前后左右各有一副面孔，代表慈、悲、喜、舍四种梵心。但其实四面佛并不是佛教中的神灵，而是印度婆罗门教的神——梵天。据说他有求必应，不管是什么愿望都能实现。香港和台湾的游客认为四面佛非常灵验，到泰国旅游一定要来这里祭拜，不少明星如梁朝伟、金城武等都来这里祈愿过。据说，早期有民众在这里祈愿后实现了心愿，随后要来此还愿跳舞。于是，一天就有好几个人来此还愿跳舞，四面佛也就跟着名声大噪了。要祭拜四面佛，要从右边手拿棍子象征知足常乐的这一面拜起，然后顺时针转一圈，依次拜过手放心口象征与人为善、手拿佛经与法器象征敢作敢当，以及象征好善乐施的其他三面。祭拜的过程中烧香或是献花均可。如果愿望实现了想来还愿又不会跳舞怎么办？不用着急，佛像旁边就有专业的舞者等待，可以请她们代劳。据说，每周四晚上九时是四面佛最灵验的时候，游客可以准备香12支、鲜花4束、蜡烛1支祭拜。每年的11月9日是四面佛生日，在这一天祭拜也会心想事成的。

40 Blue Elephant Royal Thai Cuisine
曼谷顶级的餐馆之一

Blue Elephant Royal Thai Cuisine是一家将传统泰式佳肴改造为适合欧美游客口味的饭店，也是曼谷顶级餐馆之一。这家餐馆的开设还有着传奇的经历，现在的老板娘的母亲曾是泰国王室的御厨，后来远嫁到比利时，并在那里开了一家泰菜餐厅，她做出的食物有着独特的风味，因而受到对饮食挑剔的欧洲人的认可，生意非常好。Blue Elephant Royal Thai Cuisine的饭菜有着令人难以抵御的味道，不但获得欧美游客的好评，那些来自其他国家的食客也对其饭菜赞不绝口。这里的名菜包括香气四溢、酥脆可口的香草鲔鱼排和风味独特的黑胡椒大头虾，而后者更是这里的名品。

TIPS
233 South Sathorn Road, Bangkok 10120　02-673-9353
乘BTS至Surasak站下　★★★★

41 建兴酒家
曼谷著名的海鲜餐厅

曼谷的建兴酒家是一家颇为有名的海鲜餐厅，只要在曼谷向人提起咖喱螃蟹这道菜，几乎所有曼谷人都会异口同声地推荐建兴酒家。除了各种美味的海鲜料理外，在建兴酒家还可以吃到各种美味的泰式料理，不仅味道纯正，而且价钱平易近人，绝对不可错过。

TIPS
169 Surawong Road.,Bangkok10500　02-692-6850　乘MRT至Huay Kwang站下下　★★★★

42 苏坤蔚路

曼谷最时尚、最国际化的地方

苏坤蔚路是曼谷市中心一条修长笔直的街道，全长数十公里，是泰国第三大马路。这条路也是曼谷最时尚、最国际化的地方。沿着街道，两边分布着各式各样的商店、酒吧、旅馆。许多小巷与苏坤蔚路相连，这些小巷里也藏着不同类型的酒吧、商店，形成了各自特有的商圈文化。1巷与55巷是欧洲游客最偏爱的地方，因此这里的商家多是欧式装潢；12巷则是印度风格居多；20巷到28巷是各式酒吧的聚集地；22巷到26巷是苏坤蔚路最繁华的地段，美味的餐厅、时尚的服饰店、泰式按摩院多云集在此。位于24巷巷口的The Emporium商场是来苏坤蔚路的必到之处。The Emporium是曼谷第一家豪华百货商场，是集购物、娱乐、餐饮为一体的综合百货商场。

TIPS
📍 Bangkok 10110　🚇 乘BTS1至Nana站下　★★★★★

43 缤纷暹罗剧场
泰国最大的剧场

TIPS
🏠 19 Tiamruammit Road, Huaykwang, Bangkok 10320 ☎ 02-649-9222 🚇 乘MRT至Huai Khwang站下
★★★★

缤纷暹罗剧场位于曼谷市中心，交通便利，乘坐地铁在泰国文化中心站下车即到。剧场修建耗资4000万美元，共有2000个座位，是泰国最具规模的剧场。舞台高12米，宽65米，是世界上最大的舞台之一。超过150人的演员阵容、500多套精美的服装，外加声、光、影等高科技技术，能为观众打造一场顶尖特效的梦幻演出。演出大多讲述泰国多个王朝的兴衰更替、泰国人民多样化的生活方式以及泰国的宗教仪式等。令人震撼的舞台效果和演员动情的表演绝对能让人沉浸在这如痴如醉的梦幻旅程中。

除了舞台演出，剧场外的河边还有一个泰国文化公园。公园内的村落向游客展示了泰国4个部族的传统生活方式。这4个部族分别来自泰国的中部、东部、东北部和南部。村庄的建筑完全保留了泰式风格，展现了泰国农村传统生活形态。游客可以在这里品尝到原汁原味的小吃，购买到精美的泰式手工制品，还能欣赏到泰式传统音乐，充分领略泰式文化的精髓。剧场广场旁的三间自助餐厅提供泰式和西式自助餐。此外，玩累了的游客还可以在此体验传统的泰式按摩，缓解疲劳。

44 胜利纪念碑
高耸的埃及方尖碑式纪念碑

胜利纪念碑坐落在曼谷市Ratchathewi区，这里车来车往，是Phaya Thai Road、Phahon Yothin Road、Ratcha Withi Road、Din Daeng Road四条路的交会处，为曼谷市交通的中转站。纪念碑的南边有地铁MTR，北边为高速公路。

胜利纪念碑是曼谷著名的地标之一，这座碑是为了纪念当年君主立宪制政体取代君主制政体的胜利而建，泰国人最引以为傲的就是在推翻君主体制时并没有发生暴力革命和流血冲突，这些都在纪念碑中有所体现。纪念碑顶部为尖形，整个造型就像一把利剑，但矗立在此却显得十分刚毅、有气势。纪念碑底部的5个铜制人形雕像分别代表了陆军、海军、空军、警察及文职人员。纪念碑不远处的街道就是繁华的商业区，有许多商店和餐馆，购物或吃饭、休憩都可以，价格也很便宜。

TIPS
Thanon Phaya Thai, Ratchathewi, Bangkok 10400　乘BTS1至Victory Monument站下　★★★★

45 沙阁寺
历史悠久的佛教古寺

沙阁寺位于曼谷市的人造小山上，具有悠久的历史。寺庙于19世纪初曼谷王朝拉玛一世时期建成，随后拉玛二世对其进行了修葺。拉玛四世登基后，加建了人造山，也就是金山，并设318级台阶通达山顶。因此沙阁寺又被称为"金山寺"。曼谷市是平原地形，因此沙阁寺是曼谷最高的寺庙建筑。天气晴朗时，站在山顶就可以将整个曼谷市的美景尽收眼底。沙阁寺在佛教界也享有很高的盛誉。寺庙的佛塔内供奉着1868年在印度与尼泊尔交界的古塔内发现的佛祖释迦牟尼的舍利子。大殿内还供奉着一尊泰国最大的铜制坐佛，坐佛后面是佛教壁画。每年11月，正值泰国传统节日水灯节之时，民众除了放水灯之外，也会来到沙阁寺礼佛参拜，参与每年最大的佛教盛事。这个月也是沙阁寺最热闹的时候，来自各地的信徒、普通民众都会聚集于此。寺内的僧侣也会将佛塔用红丝绸布和彩色灯光来装饰一番，使这里的景色在入夜之后变得更加迷人。

TIPS
 Soi Borommabanphot, Ban Bat, Pom Prap Sattru Phai, Bangkok 10100　02-621-0576　10泰铢 交通：乘15、37、47、49路公交车即达　★★★★

46 泰国旧国会大厦
宫殿改建的国会大厦 赏

TIPS
- Dusit, Bangkok 10300 ☎ 02-283-9411
- 乘18、515路公交车即达 ★★★★

泰国旧国会大厦又叫阿南达沙玛空皇家御会馆，是由拉玛五世于1907年主持建造的宫殿。宫殿正式完工于1915年，拉玛六世时被作为举行国家级仪式和迎接国宾的议政厅。1932年爆发的立宪革命结束了泰国600多年的君主制统治，拉玛七世实行民主政治制度，因此将宫殿改为泰国国会大厦。新国会大厦建成后，这里就被改为博物馆，供游人参观。旧国会大厦外观为白色，整体建筑风格为意大利文艺复兴式风格，同时也借鉴了西方国会建筑的哥特式十字形建筑样式。这种建筑格局正迎合了泰国的政治方针：与西方列国亲近，学习西方文化的精华，同时又保留泰国传统文化的精髓。

大厦前院立有拉玛五世的骑马像，用于纪念这位推进泰国现代化和教育普及制的贤明帝王。大厦内的布置模仿西式教堂，采用彩色大理石装饰。大堂内摆有长椅，屋顶有彩色装饰画；不同于西式教堂的是，屋顶装饰画刻的不是圣经故事，而是泰国人信奉的佛教故事。大堂的正面刻画的也是拉玛五世的壁画。此外，博物馆内还陈列了许多泰国的国宝级工艺珍品，如金丝编制的帆船模型、宝石镶嵌的床榻和金银器皿等。参观旧国会大厦需要注意穿着，男士请不要着短裤，女士须穿着过膝的裙子，上身不能露出肩膀及肚脐，不可穿拖鞋。同时，博物馆内也不许拍照。

47 金·汤普逊之家
金·汤普逊在泰国的居所 赏

这里是美国人金·汤普逊在泰国的居所。金·汤普逊参加过"二战"，战争结束后被国家以"恢复和平、重建民主"的旗号派遣到泰国。汤普逊很喜欢泰国平静祥和的生活氛围，回到美国后十分思念在泰国的时光，所以又重返泰国并在此定居。汤普逊对泰式建筑情有独钟，特地从泰国各地买来大小不一的泰式柚木吊脚楼，组成了现在的金·汤普逊之家。1967年汤普逊在去马来西亚的一次探险中失踪，为了纪念他，私人府邸也就变成了旅游景点。

TIPS
- 6 Kaseman Soi 2, Rama 1 Road, Bangkok 10330
- ☎ 02-216-7368 ฿ 100泰铢 乘BTS1至Rachathewi站下
- ★★★★

整个金·汤普逊之家由7座建筑组成，悬空在一条运河上。花园里种着各种热带植物，衬托着屋子暗暗的红色。错落有致的吊脚楼，碎石子铺成的道路……金·汤普逊的府邸没有豪门之家的贵气、华丽，但多了自然平和之美。金·汤普逊是个爱探险和收集古董的人，因此屋内也保留了他的众多收藏品，包括家居用品、瓷器等，不仅有产自泰国的，也有来自中国、缅甸等其他亚洲国家的艺术品。金·汤普逊也被称作泰国的丝绸之父，他学习泰国民间的丝绸工艺，建立了丝绸厂并把泰国的丝绸推广到了西方。现在的金·汤普逊之家也建有泰丝博物馆和销售泰丝的商店。

48 麒麟餐厅
超人气的中餐厅

位于曼谷暹罗区的麒麟餐厅是一家泰国老字号中餐厅。在这里可以品尝到北京烤鸭、梅干菜扣肉、鱼翅等招牌菜品，此外还有许多颇具代表的客家菜不可错过。麒麟餐厅除了各种美味菜品外，自制的糕点也颇为有名。

TIPS

📍 225/1 Siam Square Sol 2 Rama 1 Road Paturman, Bangkok 10330　☎ 02-251-2326　🚇 乘BTS至Siam站下
⭐ ★★★★

49 大城
泰国的古都

大城位于曼谷以北70多公里处的城郊，是一个由3条河流冲积而成的小岛城。不过，在700多年前，这里曾是泰国的首都。大城的泰文是Ayutthaya，意为"不可破灭之城"，因为它拥有得天独厚的自然环境，河流既给人们带来了繁衍的保障，又带来了军事上的防护。自1350年以来，共有33位泰国君主在大城定都，最辉煌时，这里人口超过100万，是泰国的商业贸易中心。到了18世纪，缅甸军队入侵，赶走了泰国王室并将这里洗劫毁坏。现在的大城，虽然没有了作为首都时的辉煌，但清新的环境与留存的遗址，反而另有一番韵味。那些残留的历史古迹，仿佛正幽幽地诉说着昔日耐人寻味的辉煌过往。大城景点主要分岛内、岛外两部分。岛内留存有旧时王宫宫殿遗址挽巴茵夏宫、7座佛寺和2个博物馆。其中，帕司山碧佛寺、帕玛哈泰寺、蒙坤巫碧寺大殿都非常有名。岛外的城郊处有三保公寺、柴瓦塔娜兰寺和金山塔等。大城内的宫殿和佛寺非常多，游客可以挑选几个最具代表性的游览。1991年12月13日，联合国教科文组织将大城列为世界级保护古迹。

TIPS

📍 Chikun, Tha Wasukri, Phra Nakhon Si Ayutthaya, 13000　💰 1800泰铢　🚢 从曼谷乘船至大城下　⭐ ★★★★★

畅游泰国·曼谷

065

50 帕司山碧佛寺 赏
吴哥窟第二

帕司山碧佛寺曾经是大城王宫的一部分，在缅甸军队入侵时遭到了严重破坏，当日雄伟辉煌的王宫建筑已不在，但寺庙的一部分仍旧被保留了下来。战争的痕迹在这里随处可见，裸露的橙色砖块、倾斜的墙壁，一幅破败不堪的景象。寺内曾经保存一座高达16米的由黄金铸成的珍贵佛像，可惜在战争中损毁。而战争过后留下的大量的历史遗迹，却成为人们凭吊感怀的对象。帕司山碧佛寺的3座灰白色佛塔现在还矗立在原处，塔内保存有3个国王的骨灰。这3座佛塔都有一个共同的特点，就是由底部至顶部渐次变细成环形。这种建筑样式正是大城佛塔的典型风格。3座佛塔的宗教地位也很高，相当于曼谷的玉佛寺。残破的佛像和荒芜的砖墙，外加扭曲缠绕的树枝，这里的环境确实与吴哥窟有几分相似。因此，联合国教科文组织也将这里誉为"吴哥窟第二"。

TIPS
🏛 Ayutthaya, Phra Nakhon Si Ayutthaya 🚢 从曼谷乘船至大城下 推荐星级：★★★★

51 大城国家博物馆 赏
泰国的第二大博物馆

大城国家博物馆位于城岛中心的Rochana路，是泰国的第二大博物馆。大城在经历了战火之后，许多历史遗迹都遭到了破坏，不过还是有一大部分珍贵文物得以幸存。这些文物现都被移入大城国家博物馆内保存。在拉嘉布拉那寺和帕玛哈泰寺发现的文物占据了展品很大一部分，其中包括拉玛二世为纪念去世的兄弟打造的金制品等。博物馆还展示了大城古都6至7世纪时期佛教艺术珍品，如各种神灵雕像、镶金佛像、宝石、金银制饰品和泰国其他地方出土的许多古董、古玩等。雕刻板和各式青铜佛像则是比较珍贵的展品。而一套绘有宗教主题的旗帜和漆制的书柜，则向游客呈现出当时的佛教宇宙观。博物馆内展出的藏品都具有相当悠久的历史，游客可以在参观过程中充分了解泰国历史文化的演变过程，在入口的售票处也可以买到相关的历史书籍。需要注意的是，博物馆在周一、周二和泰国国家假日是不开放的。

TIPS
🏛 Pratuchai, Phra Nakhon Si Ayutthaya, 13000 ☎ 35-241-587 🚢 从曼谷乘船至大城下 ★★★★

52 拉嘉布拉那寺
历史悠久的古寺遗址

TIPS

Chikun, Tha Wasukri, Phra Nakhon Si Ayutthaya, 13000　35-245-210　从曼谷乘船至大城即达
★★★★

　　拉嘉布拉那寺位于大城岛内东北角，建于1424年，由大城王朝的七世国王主持建造。寺内早先还存有国王和王子的遗骨。这里原是宏伟的寺庙建筑群，但同样因为战火，一部分建筑受到严重损坏。如今，寺庙的入口处只剩下一面墙壁。不过这也使得游客在远处就可以一览无遗地看到寺内的景色。拉嘉布拉那寺以寺内的宝塔而闻名，残垣断壁中，只有这座宝塔屹立不倒。1957年在宝塔的地下室内发掘出大量佛教文物和珠宝，原先塔内还存有泰国最古老的佛像、壁画。宝塔也是岛内最高的佛塔建筑，登上塔顶就可以俯瞰整个大城古都的风貌。寺内的建筑都统一采用红色砖墙，但是通过建筑师精妙的设计，各种样式的图案都能通过这种单一砖墙的不同组合表现出来。虽然受到了战火的摧残，不过现在寺庙建筑的外部还是能看出当时的粉刷样式，十分细致、精美。可以想象，毁坏之前的拉嘉布拉那寺是何等的壮观和雄伟。除了佛塔外，寺内还有一座有围墙的庙宇以及纪念门廊等景点可供参观。

53 亚柴蒙考寺
纪念英勇国王而建的寺院

　　亚柴蒙考寺位于大城岛外东侧，建于14世纪中叶，是为了纪念纳尔逊国王而建的。这位英勇的国王在与缅甸的战争中成功斩杀了缅甸王子，并取得了战争的胜利。为了庆祝这次胜利，人们建造了亚柴蒙考寺，这也是寺庙另一个名称"大胜利寺"的由来。在泰语中，"Yai"的意思是"大"，"Chai"的意思是"胜利"，"Mongkol"的意思是"吉利"。不过，亚柴蒙考寺也同样没能躲过18世纪泰缅两国战火的摧残。如今，寺庙的主要建筑已被毁，只能靠地上残存的基石来遥想当年的样貌。这里也因寺内的卧佛而闻名，卧佛长28米，面部表情祥和，身披金黄色袈裟，平静地躺在亚柴蒙考寺的废墟中。如果在天气晴朗时来参观，阳光洒在佛像身上，金色的袈裟闪闪发光，更加衬托出佛像的威严。卧佛周围还有许多佛塔，一些佛塔内供奉的佛像都还颜色鲜艳，栩栩如生。

TIPS

Phai Ling, Phra Nakhon Si Ayutthaya, 13000　35-242-640　从曼谷乘船至大城即达
★★★★

54 挽巴茵夏宫
泰国规模最大、景色最美的一处行宫

挽巴茵夏宫占地13公顷，位于湄南河左岸，是泰国东西南北中五个皇家行宫中规模最大、景色最美的一处。1632年大城王朝帕昭巴塞通国王下令修建了这座夏宫，在随后的18世纪毁于泰缅战争。在荒废了80年后，1881年，拉玛四世开始对夏宫进行修复，拉玛五世时期，修复全部完成。现在的夏宫造型美丽，宫殿建筑荟萃了泰式、中式和欧式的风格，主要景点有天明殿、水上皇亭、石桥、欧式御花园等。其中天明殿位于夏宫北面，由当时的华侨捐资修建。宫殿为典型的中国南方建筑样式，雕龙刻凤，殿内摆有供四世王和五世王使用的龙床、龙桌。水上皇亭建在挽巴茵夏宫人工湖的中央，是这里的代表性建筑。皇亭为泰式风格，采用"三尖顶"式，远看宛如一个璀璨的皇冠镶在湖面上。御湖中央还有一座石桥，桥两边分别摆有希腊神话中农神、海神、音乐神、爱神的雕像。

TIPS

📍 Ban Len, Bang Pa-in, Phra Nakhon Si Ayutthaya, 13160
☎ 35-261-044 🚆 从曼谷乘火车至Bang Pa-In站下 ⭐★★★★

欧式建筑包括一座希腊式宫殿和御花园。希腊式宫殿是拉玛五世接待外宾的场所，现用于展览泰式壁画、兵器和皇家用品等。欧式御花园内花草种类繁多，组成各种逼真、美丽的图案。游客可租电瓶车游览夏宫全景。

55 三保公寺 赏
纪念郑和的寺院

TIPS

 Ho Rattanachai, Phra Nakhon Si Ayutthaya, 13000　从曼谷乘船至大城下 ★★★★

三保公寺又名巴南清寺，位于大城岛外东南端湄南河畔。寺庙建于1324年。明朝时，郑和下西洋来到了当时暹罗的首都大城进行访问。郑和的到来加强了两国的文化、经济交流，为当地华侨和暹罗人都做出了重大贡献。当地的华人为了纪念郑和的到访和寄托思乡之情建造了此寺。由于郑和被当地华人尊称为"三保公"，所以寺庙被称作"三保公寺"。现寺前建有一白色尖形佛塔，寺内大殿中央供奉了一尊宽14米、高19米的坐禅佛像。佛像威武高大，全身镶金，是泰国最大、最古老的佛像之一。泰人称其为"銮抱多"，就是"非常大的佛像"的意思。迄今为止，在许多当地华人的心目中，郑和都是"能赐福除灾的神灵"。泰国本地民众和当地华侨都把这尊佛像当作郑和的化身加以尊敬，一年四季，这里都香火鼎盛。每到春节之时，寺庙都会举办隆重的礼佛仪式，寺前的空地也会有集市，热闹非凡。寺庙前还会定期供应免费的素斋，有兴趣的游客可以品尝一下，感受一下佛祖的恩赐。

56 Safari World 玩
曼谷最大的野生动物园

建于1998年的Safari World占地4.8平方公里，曾经是亚洲规模最大的野生动物园。游客来Safari World观光游玩时需要乘坐游览车或是自己驾车才可以被获准进入园内，并且全程都不许走出车外。在Safari World内，游人可以欣赏到不同动物的表演，此外还可以前往园内的海洋主题公园欣赏海豚、海狮的精彩水上表演，度过一个欢乐的假日。

TIPS

 Panyaintra Road 99, Bangkok 10510　02-914-4100
400泰铢 ★★★★★

57 蒙坤巫碧寺
700年历史的古寺

　　蒙坤巫碧寺位于大城市郊，临近帕司山碧佛寺。寺庙始建于1357年，以蒙坤巫碧大佛塔而著称于世。佛塔塔身镶嵌有释迦牟尼佛像，塔内供奉着青铜制的巨大坐佛像。这尊坐佛铸成于15世纪，外形精致美观，原本放置于塔前，修复后移入塔内。经过修复的佛身不再是青铜色，而是重新镶金，这使得佛像看上去更加光彩动人。蒙坤巫碧寺曾经历过多次修复，在修复过程中，在佛像的内部发现了几百尊小佛像。这些小佛像面目祥和，造型各异。这使得蒙坤巫碧寺一下子名声大噪，许多善男信女都来此祭拜，寺内的香火也从此旺盛起来。寺内还陈列了许多老照片，展示了蒙坤巫碧寺修复前的样子。寺前的停车场边还有一个集市，多是贩卖旅游纪念品、当地土特产、明信片，还有一些古董文物。不过这些古董是真是假就很难分辨了，有兴趣的游客可以去试试自己的眼光。

TIPS
 Pratuchai, Phra Nakhon Si Ayutthaya, 13000　 从曼谷乘船至大城即达
★★★★

58 洛布里
历史悠久的古城

TIPS
从曼谷乘班车在洛布里下 ★★★★

洛布里位于曼谷以北129公里处，距大城约60公里。这里曾经历多次政权更替。在6—10世纪，孟族在此建立了瓦拉瓦提王国，并将洛布里称作"拉窝"。随后，素可泰以及大城王朝先后统治这个地区，洛布里也就成为大城王朝的陪都。到了11世纪，柬埔寨吴哥王朝的苏雅瓦曼一世王占领了这里。于是，洛布里又成为吴哥王朝的一部分。

洛布里城内历史遗迹众多，其中三育佛塔是代表性建筑。佛塔建于高棉族统治时期，外观是三座高耸的佛塔连接在一起。这是典型的高棉寺院式建筑，是印度教神像三位一体的体现。此外，桑帕康寺和那莱皇宫也是洛布里的著名景点。桑帕康寺内供奉了一座看似我国齐天大圣的猴子佛像，据说来此求子非常灵验。大概是因为供奉了猴子佛像的缘故，寺庙周围也聚集了许多调皮的猴子，它们肆无忌惮地跟游人玩耍。每年11月，泰国政府还会举办"猴子节"，准备食物款待猴子们以感谢它们招揽游客。那莱皇宫建于166—167年，建筑融合了泰式、高棉式和欧式的风格。这座宫殿其实是当时的皇家储藏室，收藏了众多皇室的宝物和通过海外贸易得来的珍品。

59 帕玛哈泰寺

拥有大城最早建成的高棉式佛塔

帕玛哈泰寺位于大城岛内，帕司山碧佛寺的东侧。寺内主塔是大城最早建成的高棉式佛塔之一，建于14世纪包若玛拉嘉一世时期。塔原高40余米，雕刻精致华丽，但由于年代久远外加战火的摧残，塔身上半部分已毁，现只剩底部的基座。帕玛哈泰寺内种有许多榕树，这些榕树的树龄都不小，枝叶繁茂。如果在炎热的夏日来到这里，茂密的枝叶遮挡住阳光，会降低一些温度，让人感觉凉爽不少。寺内最著名的景点也与榕树有关，那就是"榕树包佛头"。在寺庙的入口处可以看到一颗佛像头与榕树底部融为一体，被榕树的根须紧紧包裹住。榕树中的佛头没有金箔裹身，一只眼睛微张，一只眼睛紧闭，表情肃穆，仿佛洗净铅华，与世无争地看着人世间的变化。"榕树包佛头"绝对是自然界的一个奇观，它形成的原因传说是泰缅战争时，缅甸军队攻进寺内，被毁坏的佛头滚落到榕树下，随着时间的推移，榕树越长越大，慢慢地根茎就缠绕住佛头，形成了现在的景观。游客需要注意的是，与佛头合影时一定要蹲下来，要仰视佛像，以表示对佛祖的尊敬。

TIPS

📍 Chikun, Tha Wasukri, Phra Nakhon Si Ayutthaya, 13000　🚌 从曼谷乘船至大城下　⏱ ★★★★★

60 柴瓦塔娜兰寺

大城岛最雄伟美丽的寺庙之一

柴瓦塔娜兰寺位于大城岛西侧,是大城岛最雄伟美丽的寺庙之一。17世纪时,大城王朝的巴萨通王十分尊敬自己的母后,所以在其母后的出生地建造了这座寺庙。建筑风格就是当时最流行的高棉风格。柴瓦塔娜兰寺也曾受到战火的无情摧残,只剩下破损的地基和残败的佛像。不过经过一系列的修复工程后,柴瓦塔娜兰寺又恢复了往日的风采,修复后的佛像并没有被镀金或是重新粉刷,而是保留了原来的样式。寺庙内佛塔、佛像众多,13座高塔由120尊坐佛围绕,8座小塔的另一端也摆放着12尊大佛。塔群的中央是一座高棉式的大塔,周围由4个小塔环绕,最外围还有8个小塔及门。佛塔内有楼梯可以通到塔顶,楼梯狭窄,要注意安全,不过站在最高点欣赏到的风景会更美。柴瓦塔娜兰寺的另一看点就是落日。黄昏时分,金色的余晖洒落在古旧的遗迹上,绝对是迷人又难得的美景,喜爱摄影的游客一定不能错过。

TIPS

Pak Nok river, Phra Nakhon Si Ayutthaya 35-322-730 从曼谷乘船至大城下 ★★★★

---

61 Sukhumvit House Number 1

曼谷市内著名的餐厅

Sukhumvit House Number 1是曼谷市内一家著名的餐厅,餐厅所在的房屋建于1900年,曾是泰王拉玛五世的行宫。餐厅以独特的王室佳肴而闻名,主打菜品是多道20世纪早期泰国王室所常用的菜肴,风味独特,令人赞不绝口。来到Sukhumvit House Number 1可以看到传统的泰式建筑,享受过去只有王室贵族才能得到的豪华招待,这种独特的体验在别处是难以获得的。饭店的食物都是精心烹制而成,无论是前菜、沙拉,还是甜点、主菜,都有着独特的泰国风味。Sukhumvit House Number 1只用了前行宫的第一层,因此座位有限,但食客众多,来这里进餐的人们往往都需要提前预订。

TIPS

1 Soi Sukumvit Sukumvit Rd. Klongtoey, Nana, Bangkok 02-653-3900 乘MRT至Asok站下 ★★★★

62 搞鬼商场

鬼影惊吓，搞怪至上

TIPS
- Ratchada 14, Bangkok10400, Thailand
- 026-926-311
- 乘MRT至Huai Khwang站1号出口出，步行约5分钟。
- ★★★★★

搞鬼商场 Mansion 7 虽被一般人称为百货公司，但是其最大看点在于设在商场内借鉴泰国鬼片设计的鬼屋。也就是说Mansion 7是可以让人设身处地体验全球顶级鬼片带来的极致惊悚的一处商业场所。商场门口两只巨大的紫色恶魔手掌便已经定下整个商场诡异的主基调，昏黄的灯光下，仿佛这双邪恶之手要将人抓入其中，天花板上的巨型月亮更显瘆人。商场内有许多各式各样的游戏柜台，这里的游戏机基本上都以鬼怪为主题，游人需要购买游戏券才能使用。搞鬼商场内的鬼屋则是终极冒险，取名为"Dark Mansion"，译为"鬼屋大厦"。鬼屋规定一次入场一组，以4个人为一组，4人拉着绳子前进，一路上会有形态各异的鬼怪出来吓人，令人毛骨悚然的鬼屋历险约20分钟。走出鬼屋之后，会有一台造型可爱的可乐车展示出你在鬼屋里被惊吓的照片。如此惊险刺激叫人跃跃欲试的游乐场所，已成为曼谷另类的旅游景点。

63 歌杰岛水上市场

泰国的"缅甸"风格市场

歌杰岛上有着不少的缅甸式庙宇，庙宇的旗子以凤凰作图案，挂旗的方向一致指向缅甸国家。岛上最著名的建筑就是斜塔，据说也与心系故国有关。歌杰岛的居民大多都是缅甸忙族的后人，并非是泰国的原住民。缅甸忙族的族人大多是以制陶器谋生的。现在这里有驰名全泰国的歌杰陶器出产。歌杰岛水上市场中有大量的售卖自家陶器制品的小店，而一些村民就坐在路边雕刻陶瓷。当地人比较友善，大都乐意让游客观看制作过程。

TIPS
- 从考山路N13码头直接搭船巴士到最北站N30暖武里码头下船，换乘小船可达 ★★★★

64 瑞士丽凯皇酒店

复制欧洲华丽

TIPS

📍 204 Rachadapisek Road, Huay Kwang, Bangkok 10320 ☎ 026-942-222 🚇 乘MRT至Huai Khwang站下车,在Rachadapisek路往泰国文化中心站方向,直走约10分钟到达。 ⭐⭐⭐⭐⭐

瑞士丽凯皇酒店是泰国曼谷的五星级度假酒店,酒店将欧洲奢华豪宅设计100%完美呈现。瑞士丽凯皇酒店位于Rachadapisek路、曼谷MRT惠恭王站出口,隶属瑞士国际酒店集团。酒店仿希腊神庙外观设计成全镜面玻璃外墙,内有巨型梁柱与纯白阶梯,显得庄重贵气。酒店虽在曼谷,却将欧洲高水平服务、高质量设备原汁原味复制,旅客虽在曼谷,却如置身欧洲享受。酒店地理位置优越,距离曼谷最大的札都甲市集、知名的泰国大浴室、Lumpini夜市、泰国文化中心等地都只有20分钟以内车程,是一家能使人得到愉悦体验的高水平泰国酒店。

65 曼谷水上集市(丹嫩沙多水上市场)

泰国最出名的水上集市之一

曼谷水上集市是丹嫩沙多水上集市的俗称。集市位于曼谷以南104公里处,因周边泰国水乡建筑众多,游人可近距离领略河边水上人家的生活。在水上市场,游人可以上岸沿市场行走,也可租一条人力小舟在商贩之间穿梭。船上,劳动妇女们穿着蓝布棉衣,戴着宽边斗笠,大声吆喝叫卖。集市现为专供游客游览的水上集市,出售的东西普遍较贵,购买时需要注意。

TIPS

📍 曼谷以南104公里处 🚌 自曼谷南客运站乘78路抵达租船处,乘船抵达。 ⭐⭐⭐⭐⭐

66 考山路
曼谷著名的商业街 逛

TIPS
- 曼谷市考山路
- 乘坐出租车或出租船可达
- ★★★★

每个来东南亚的年轻背包客都会聚集到考山路,这里各色的街边小贩、艺人,各种奇特的酒吧和数不清的餐馆使得这里更像是世界路。考山路的旁边就是Phra A-thit路,有"曼谷的小波希米亚"美誉,那里有充满艺术气息的餐厅、别致的酒吧和河边公园,而且公园里经常举行各种戏剧、舞蹈和音乐活动活跃文化气氛。附近保存完好的旧式木制建筑,仿佛令游人穿越回到过去的曼谷,嗅着空气中旧时光的味道,游人心神安宁。想要刺激的话,便捷的水上出租车是最好的选择,游人在水上出租车上,能像风一般尖叫穿梭在两路之间。

67 乍都乍周末市场
泰国淘客天堂 逛

乍都乍周末市场位于曼谷市北边，这儿不仅商家最多、面积最大，而且是整个东南亚地区舶来品和自己设计的商品最多的市场。每逢周六和周日，亚洲地区最大的自由市场——乍都乍周末市场热闹开张，近万家商铺迎来数万顾客，生意兴隆通四海。曼谷有一句老话：有什么买不到的东西，到乍都乍周末市场看看，定能不虚此行。

TIPS

 曼谷市郊区　　搭乘BTS到Mochit站，或MRT到Chatuchak Park站　★★★★

畅游泰国 | 曼谷

68 Baiyoke Sky Hotel 住

曼谷市内第一高的建筑

　　Baiyoke Sky Hotel高88层，是曼谷市内第一高的建筑。由于地处曼谷的市中心，因此无论从哪里抬头一看，都可以看到它的身影。同时Baiyoke Sky Hotel也是曼谷最高档的酒店，交通便利，设施齐全，周围都是各种繁华的商业区，所以可以满足人们吃喝玩乐的各种愿望。对于旅游者来说，这家酒店临近地铁站，可以直接前往各个旅游景点，也是逛街看景的最好起点。酒店里的设施都是最先进的，客房的设施很完善，服务也相当地到位。客人们可以在房间里享受各种乐趣。除了有普通的餐饮设施外，在酒店里还配备有酒吧、电影院等娱乐设施，人们可以任意地娱乐放松，感觉十分惬意。此外，在Baiyoke Sky Hotel顶楼还有一个360度的观景大厅，可以欣赏曼谷美丽的夜景。

TIPS

 222 Soi Ratchaprarop 3,Rathaprarop Rd.,Ratchathewim, Bangkok　乘BTS席隆线至暹罗站下　02-6563000　★★★★★

69 伦披尼公园 赏

优雅浪漫的城市公园

　　伦披尼公园所在的位置曾经是曼谷的郊区，当时是一片一望无际的稻田。后来曼谷的经济不断发展，市区的面积也逐渐扩大，很快这里就成为了曼谷市的闹市区。18世纪20年代，泰王拉玛六世特别出资，将这块稻田改成了公园，并且免费对人们开放。整座公园占地56万平方米，是泰国首屈一指的大型公园。伦披尼传说是佛陀诞生地的名字，也为这里带上了浓郁的佛教色彩。公园里的绿化程度极高，目之所及到处都是绿色的大树和草地，可以说是曼谷的城市绿肺。在公园门口竖立着拉玛六世的雕像，感谢他为人民建造了这座公园。人们可以在公园里随意散步，呼吸新鲜空气。白天可以看到大群健身锻炼的人，而到了晚上这里则成了情侣们约会缠绵的好地方。

TIPS

Rama IV Road　乘BTS席隆线至莎拉当站下　★★★★★

70 克立博物馆
用古老建筑零件拼装起来的博物馆

赏

TIPS
📍 19 Soi Prapinit,South Sathorn Rd.,Thungmahamek, Sathorn,Bangkok　🚇 乘BTS席隆线至钟那席站下　☎ 02-2868185　⭐⭐⭐⭐

　　克立博物馆是以泰国总理克立的名字命名的，克立是泰王拉玛二世的曾孙，出身王族。而这座博物馆就是从他的居所改建而来的。整座寓所建于1960年，当时克立购入了一片面积达2万平方米的土地，并从大城等古城收购各种古老建筑的建材，将这些材料重新拼合成为一座建筑。整个建筑兼具华丽古朴的风格，充满了古风古韵，是一座相当经典的古代贵族宅邸。而屋内也保持着相当古朴的造型，各种古色古香的老家具、精美的艺术品，以及不少王室成员们的赠礼，都让人感受到这里的奢华。同时由于克立对于古典艺术的喜爱，在博物馆里还收藏了不少古代的艺术品，这些艺术品一一陈列在不同的房间中，让人们能感受到泰国古老的历史。

71 扎都甲公园
曼谷市内的绿肺

玩

　　扎都甲公园建于1980年，是曼谷的商人和平民共同出资修建的。当时人们已经意识到在城市中兴建绿地可以很好地改善城市环境，能给人们更好的生活环境，所以扎都甲公园特别重视绿化。整个公园占地超过30万平方米，内部设置有1个塔楼、1个花楼和来自6个亚洲国家的雕塑作品，特别是有大片的绿树和草地。人们可以在这里散步、慢跑，锻炼身体，也可以在泰国文学花园和香草园欣赏美丽的大自然，或者带着全家人一起来享受天伦之乐，这里是人们享受美好假期的最佳去处。而到了晚上，扎都甲公园就会变成年轻人享受二人世界的天堂，每到这时，在公园里总能看到一对对年轻情侣相拥相依，能让人感受到浓郁的浪漫风情，因此这里也是曼谷最有名的约会天堂之一。

TIPS
📍 Phahonyotin Road,Bangkok　🚇 乘BTS席隆线至蒙奇站下　⭐⭐⭐⭐

72 班翁尼文寺 赏
泰国王室成员修行的地方

班翁尼文寺外观看上去和玉佛寺、卧佛寺那些大寺院远不能相比,虽然规模不如它们,但是却有自己独特的魅力。优雅的建筑、宏伟的尖塔和壮观的佛像都是这里吸引人眼球的所在。不过这座寺庙的地位可是曼谷数一数二的,因为自古以来这里就是泰国王室成员修行的地方。包括泰王拉玛四世、拉玛七世和现任国王普密蓬都曾经在这里修习过佛法。班翁尼文寺创建于1829年,正中那巨大的金色佛塔是寺庙的标志之一。在大殿里可以看到著名的僧侣描绘的精美壁画,这些壁画在泰国传统风情中融入了西方油画的透视画法,显得更为精致。而大殿内供奉的佛像也是难得的瑰宝,都是素可泰王朝时期的经典样式,而且还有两尊佛并坐的造型,十分少见。

TIPS
240 Phrasumen Rd.,Bangkok　乘昭披耶河游船至Phra Athit站下　02-2800869　★★★★

73 Union Mall 买
曼谷年轻人最喜欢的购物天堂

TIPS
Chatuchak　乘BTS席隆线至蒙奇站下
02-9393485　★★★★

Union Mall是曼谷年轻人最喜欢的购物天堂,虽然开业不到5年,但是迅速就获得了年轻人的认同,成为了他们憧憬的时尚胜地。商场的布局有点类似于暹罗广场或是Bonanza Mall,但是规模要更大一些。整个商场共分8层,汇集了超过1200家各色店铺。这里所有的商品都是面对30岁以下的年轻顾客群,所有的服饰都是最新潮的款式,还有各式各样的世界名牌,可谓是琳琅满目。而且在这里还有一些专营二手服饰和鞋包的商店,对于那些囊中羞涩而又想追求时尚的人来说真是再好不过了。此外,在这里还有不少批发商店,是人们淘宝或者批货的好地方,而且在扎都甲周末市集逛过以后再到这里来也很方便。

74 白菜园宫殿
王室专用的菜园改建的宫殿

赏

TIPS
📍 352-354 Sri Ayudhya Rd.,Rajathevi,Bangkok 🚇乘BTS席隆线至胜利纪念碑站下 ☎02-2454934 ★★★★

白菜园宫殿正如其名，过去就是王室专用的菜园。到了泰王拉玛五世时期，这里被改造成了王孙的住所，同时也被直接命名成白菜园宫殿。如今已经过去了百年时光，宫殿早已不复往日的辉煌，而是被改造成为了一处博物馆。整座博物馆掩映在绿色的树林之中，周围的环境相当幽静。博物馆主要分两层，其中1层主要是收藏来自泰国东北地区班清出土的各种历史文物，囊括了数千年的历史，让人能感受到泰国深厚的历史积淀。此外在宫殿内还有8座柚木建筑，分成不同的主题收藏了各种文物，让人们可以了解过去贵族的生活。其中有一座从大城直接移来的"漆器凉亭"，收藏了很多漂亮的漆器，让人大开眼界。此外还有展示泰国各种传统戏剧的展馆等，将泰国丰富的传统文化完全呈现在人们面前。

75 三面神
祈求姻缘的神像

赏

一般来到曼谷的人都知道有四面佛，但是其实在伊势丹百货门口还有一座三面神，它和四面佛一样都是曼谷特别著名的朝圣地。都是来自印度教的神像。三面神刻画的是印度教三位主神梵天、毗湿奴和湿婆，和四面佛祈求财富不同，三面神主要对姻缘比较灵验。参拜三面神也是有一定的规矩的，一般要选在每周四晚上9:30这一刻，据说这是三面神下凡的时间。参拜的人需要带着红玫瑰、红蜡烛、香前来神像前祭拜。而到了2月14日的情人节，更是人们参拜的一个高峰，来自世界各地的年轻人都会汇聚到这里，祈祷自己的姻缘可以成真。此外，在三面神旁还有一座象头神迦内什的像，主要保佑人们获得财富，也很受当地人的敬仰。

TIPS
📍 4/1-4/2 Central World,Rajdamri Rd.,Pathumwan,Bangkok 🚇乘BTS苏坤蔚线至奇隆站下 ★★★★

畅游泰国 | 曼谷

76 水门市场
曼谷规模最大的批发中心 逛

TIPS
📍 North West Corner of Petchaburi Road, and Ratchaprarop Road　🚇 乘BTS苏坤蔚线至奇隆站下
⭐⭐⭐⭐⭐

　　水门市场是曼谷规模最大的批发中心，是曼谷市内各大商场、市场的主要进货渠道。走进水门市场，就像是走进了一个百货的天地一般。在市场内到处都是经销百货商品的商店，大大小小，应有尽有。虽然这里以批发为主，但是也是可以零售的。其中有不少店的服饰都是最新潮的，款式什么的都很棒，让人爱不释手。每个人都可以在这里选购到自己喜欢的服装或是日常用品等，如果能一次买3件或者6件以上，还能获得批发价的优惠，因此吸引了不少图便宜的顾客。而且由于这里是批发的源头，所以质量也很有保障。除了能尽情购物外，水门市场的5楼就是一个美食街，汇集了很多经营泰国传统小吃的摊位，在逛街累了后大可到这里来休息一下，顺便一饱口福。

77 Benchasiri公园
迎接王后生日而修建的公园 赏

TIPS
📍 Thanon Sukhum Vit, Khwaeng Khlong Tan, Khet Khlong Toei, Krungthep Mahanakorn 10110　🚇 乘BTS苏坤蔚线至澎蓬站下　⭐⭐⭐⭐⭐

　　Benchasiri公园也称王后公园，是为了迎接泰国王后诗丽吉60岁生日而修建的。整座公园位于一座座高楼大厦的包围中，在一片繁华的现代化城市中给了人们一块可以休闲放松的绿地。公园里到处绿草如茵，树木成林，是人们散步的绝佳去处。公园里的环境也十分冷清，更适合那些喜欢安静环境的人。每到假日的时候，总能看到有很多人在公园的绿地上看书、听歌或是睡觉，显得悠闲而自在。这座公园的另一大特色就是布满了各种漂亮的雕塑作品，其中很多都是泰国当代著名的艺术家创作的，让人能感受到泰国当代艺术的魅力。到了晚上，公园内还会启动自动洒水装置，洒出的水会让受惊的小松鼠和人们来个不期而遇，十分有趣。而这些水也是公园里常年保持青绿的奥秘之一。

78 帕空市场
大型花果市场

TIPS
- Atsadang Road
- 乘招披耶河游船至拉查旺站下
- ★★★★

帕空市场位于湄南河畔，和曼谷普通的市场略有不同，主要以批发各种花果为主，是曼谷首屈一指的花果市场。每天早上5点开始，就有各路商家陆续进货，之后则会有来自四面八方的顾客汇聚，一直繁忙到中午。在这里可以看到各式各样的鲜花，五彩缤纷让人眼花缭乱。而且鼻中随处都能闻到浓郁的花香，让人陶醉不已。这里的鲜花主要用于各种佛寺参拜，还有餐厅、饭店的各种典礼。

这里不光有散装的花卉，还有各种盆花和花束，十分方便携带。而这里的水果数量也很多，包括泰国常见的榴莲、红毛丹、山竹、凤梨、菠萝蜜等等，不同的季节会有不同的水果，而且都十分便宜。此外，这里还有打抛叶、香兰叶、泰国柠檬、臭豆等常用的蔬菜，很受当地人的喜欢。

79 On Nut Square夜市
曼谷一处很经典的夜市

TIPS
- BTS安努站站外
- 乘BTS苏坤蔚线至安努站下
- ★★★★

On Nut Square夜市是曼谷一处很经典的夜市，距离地铁站不远，从地铁站的天桥上往下看，就可以看到一个个接连不断的白色帐篷，帐篷内灯火通明，人潮涌动，十分热闹，而且越晚人越多。这处夜市主要以经营女生的服饰为主，很多都是面向女大学生和年轻的上班族，所以价格非常便宜，而且款式也相当新潮。此外，还有很多摊位经营各种百元商品，货品琳琅满目，每个人都可以花上很少的钱买到自己喜欢的东西。当然作为夜市，各种美味的小吃肯定是必不可少的，On Nut Square夜市的小吃摊主要分两种，一种是路边摊，经营各种能边走边吃的方便小吃。而另一种则是摆放着大量白色桌椅的饮食区，可以在这里享用一些泰国传统的美食，深受"下班"族们的喜欢。

80 曼谷天文馆
曼谷历史最悠久的科学馆之一

TIPS
🏠928 Sukhumvit Rd.,Klongtoey,Bangkok 🚇乘BTS苏坤蔚线至安努站下 ☎02-3921773 ⭐⭐⭐⭐

　　曼谷天文馆是曼谷历史最悠久的科学馆之一,建于1964年。它是整个曼谷科学教育中很重要的一部分,主要担负着向人们进行天文科普教育的任务。在天文台顶端是一个直径20米的圆顶,天文望远镜就是从里面伸出,可以清晰地看到各种天文现象。天文馆里的各种设施也是相当丰富,人们可以在这里看到浪漫的2D天文电影,还可以参加互动式的天文探索活动,将各种天文知识融入娱乐之中,能更方便地了解宇宙的奥秘。正因为如此,曼谷天文馆也成了曼谷年轻人很喜欢的一处约会胜地,经常可以看到年轻人在漫天星空之下享受浪漫的二人世界。而在泰国著名的爱情电影《下一站说爱你》中,这里也是男女主人公约会的重要地点。

81 象神夜市
曼谷一处很传统的夜市

　　象神夜市是曼谷一处很传统的夜市,整个夜市绵延长达1000米,错落有致的摊位让人一眼望不到头。每天晚上10:30之后,夜市就会进入最热闹的时候,街道的前半段主要以各种商贩为主,经营各式各样的廉价成衣、生活杂货、化妆品、小饰品等货物,这里的各种商品价格都很便宜,最贵的也只要100泰铢上下。在商铺其中还穿插着各种小吃摊,经营丰富的泰国传统小吃,能让人们在挑选货物的同时还能喂饱肚子。而街道的后半段则是以各种水果摊为主,这里汇集了各式各样的泰国传统水果,包括芒果、木瓜、菠萝等应有尽有,而且人们还可以直接将这些新鲜水果做成果汁或者其他制品,尽享这些生鲜水果的美味。因此很多人都将这里作为体验曼谷夜市的首选。

TIPS
🏠Ratchadapisek Road 🚇乘MRT地铁线至惠恭王站下
⭐⭐⭐⭐

82 贼仔市场 逛
曼谷数一数二的二手货市场

贼仔市场从名字上就可以知道，曾经是一处小偷销赃的地方，名声并不好。但是后来逐渐发展成为曼谷数一数二的二手货交易市场，从被人唾弃的销赃窝变成了人人喜欢的淘宝胜地。贼仔市场的货品种类繁多，既有古色古香的古董、金银器皿、玉制工艺品，也有相当现代化的IT数码产品等，应有尽有，每个初次来到贼仔市场的人都会看得眼花缭乱。不光是货品多，而且价格也相当便宜，因为是二手货，所以价格要比新品低了不少，而且其中还有不少货品的品相很不错，因此相当实惠。不过这里的货品良莠不齐，并且不少无良商家会专门宰外国游客，所以一定要货比三家，小心谨慎。要多和店主讨价还价，不要贸然出手，这样才能保证不吃亏。

TIPS
📍 Yawarat Road 🚇 乘MRT地铁线至华南蓬站下 ⭐⭐⭐⭐

---

83 龙莲禅院 赏
具有中国风韵的寺庙

TIPS
📍 Pom Prap Sattru Phai 🚇 乘MRT地铁线至华南蓬站下
📞 02-2223975 ⭐⭐⭐⭐

龙莲禅院建于1871年，当时的泰王拉玛五世为了感谢当地华人为曼谷的发展作出的贡献，特地在中国城内建造了这座具有浓郁中国风情的寺庙。寺庙的建筑造型是传统的明清时期风格，在大雄宝殿的门口还可以看到清朝光绪年间所刻的对联。而屋顶上则是飞檐翘角，还装饰有龙的形象，气势相当雄伟。禅院内供奉着漂亮的佛像，至今依然香火旺盛，很多当地的中国华侨每天都会来这里祭拜祈福。此外，在龙莲禅院内还设有专门的僧侣学校，专门教导小沙弥或者年轻的僧侣学习佛学，不过在这里不光是教授佛教的经典，同时也教授各种一般学校该教授的科目，所以很多当地人也将自家的孩子送到这里来读书。

THAILAND GUIDE

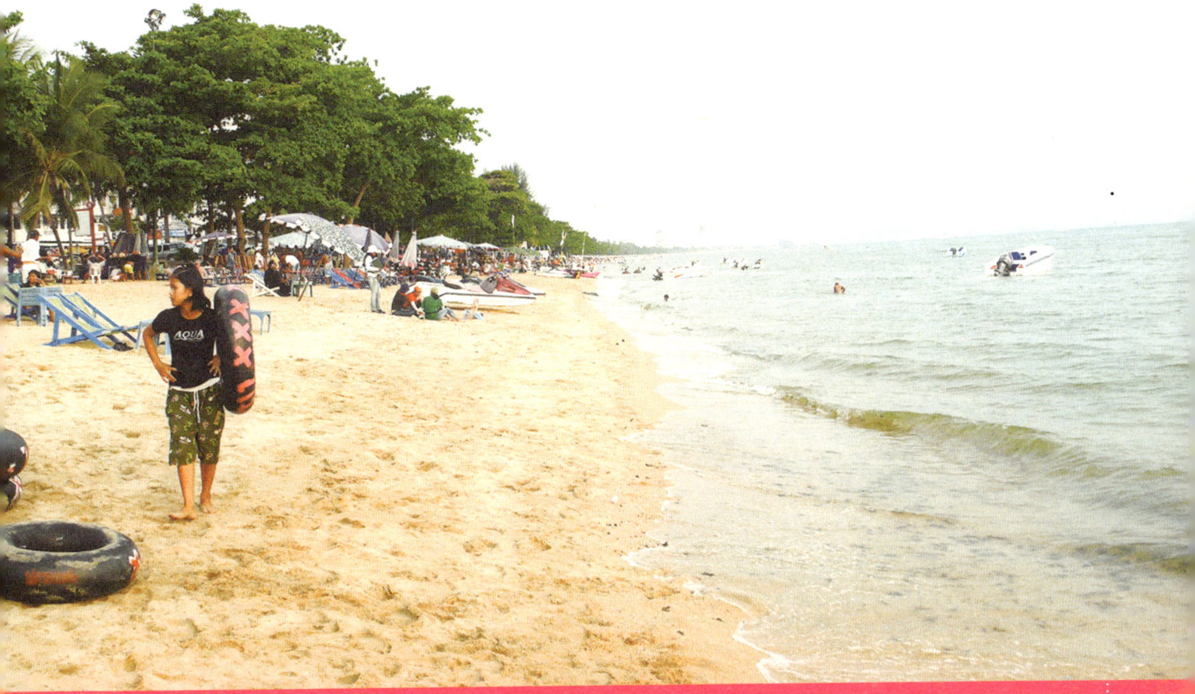

Thailand

畅游泰国 2

芭提雅

位于暹罗湾的芭提雅是泰国最负盛名的度假胜地之一，碧海蓝天和洁白的沙滩吸引了无数游人光顾，素有东方夏威夷的美誉。

打开芭提雅!

❶ 印象

芭提雅是中南半岛南端的泰国一处著名海景度假胜地,素以阳光、沙滩、海鲜名扬世界,享有"东方夏威夷"之誉。美丽的海景、新奇的乐园,还有最负盛名的人妖表演,构成了一处"海滩度假天堂",是东南亚近年来热度极高的海滩度假胜地,吸引着全世界的游客。芭提雅属于纯武里府,距离曼谷147公里。它位于印度半岛和马来半岛间的暹罗湾处,市区面积20多平方公里。芭提雅原为一个小渔村,越战期间美国大兵为了寻欢作乐,在此修建起了度假中心,才成就了今天的芭提雅。长达40公里的芭提雅海滩阳光明媚,天蓝水绿,小楼别墅掩映在绿叶红瓦之间,一派东方热带的独特风光,令人心旷神怡,是良好的海滨游泳场。香蕉船、海上滑水、浮潜、冲浪、滑降落伞等水上娱乐活动新奇刺激,在海滩南端的可兰岛还可乘坐透明长尾船欣赏海底五光十色的珊瑚奇景和热带鱼。离芭提雅海岸约10公里处有个美丽的小岛——珊瑚岛,月牙般的沙滩拥抱着蔚蓝透彻的海水,沙滩沙粒洁白松软,特别清洁美丽,海域水质洁净,可透视水深达数米的海底生物世界。入夜有五彩缤纷的烟火装点着芭提雅的夜空,带给游人一种舒适宁静的享受。

❷ 地理

芭提雅位于暹罗湾处,面临大海,市区面积非常小,步行1小时左右即可遍览全市。著名的珊瑚岛位于芭提雅外的海上约9公里处。市内仅有三条大道,其中沿海大道位于海滨,是最早建成也是芭提雅最漂亮的大道。其他两条大道条件相对较差,路况一般,也缺乏特色。

❸ 芭提雅交通

航空交通

芭提雅本地有机场,名叫U-Tapao机场。该机场

较小,且平时很少有航班,多数是小型包机。距离市内交通不便,只能自行租车前往。

汽车租赁

芭提雅市内可自租摩托车或汽车游逛,非常方便。加油站内工作人员一般能够通过英语交流,游客也可在纸上写好阿拉伯数字,标注好汽油标号即可很方便地加油。

巴士

芭提雅没有市内公共汽车,游客可乘市内小巴游览全市。市内主要的公共交通工具是载人小货车。小货车一般招手即停,游客上车前须告诉司机下车地点,如果下车地点和司机行驶的方向相符,游客即可上车,票价大致为一人5铢。如果车上乘客不多,而游客的下车地点又比较偏僻,就需要和司机进行交涉,这种场合的车费大致一人20~30铢。下车时,乘客只需按响车顶上的铃即可,车费直接交给司机。由于没有公共汽车站,载人小货车可以随处停车,但游客需要注意交通安全。另外,穿梭于泰国各地的大巴络绎不绝,例如往返曼谷和芭提雅的空调大巴,可以在线查询相关信息并且预订。

❹ 芭提雅购物

芭提雅精品云集,汇集了全泰各类服装、土特产品、手工艺品等。名闻遐迩的木雕及牛角等工艺品、皮革制品琳琅满目,富有特色。用泰丝制成的服装、头巾、领带以及沙发靠垫套等精细美观,经济实用。游客不仅可选购到款式繁多的高级衬衫、套装、夹克、牛仔裤、运动衣等流行时装,还可以购买到普通的泰式棉布。这种棉布制品质地柔软耐用,物美价廉,深受欢迎。著名的芭提雅水上市场也是影片《杜拉拉升职记》的取景地,市场中商品种类繁多,有新鲜的热带水果、特色小吃、富有民族特色的工艺品等等。买卖交易都在水上、船上进行,小贩们划着小船,大声吆喝叫卖着,场面非常有趣热闹。

❺ 芭提雅住宿

芭提雅有不少度假村,住宿资源非常丰富。其酒店的规格不一样,所以收费也有高低。在芭提雅可以找到海滨旅馆,景色非常优美,价格也较高,一般在8000泰铢左右。同样也可以找到价格较低的经济型酒店,它们同样具有不错的住宿环境。一般来讲,提前在网上预订可以获得比较低的折扣。

01 芭提雅

泰国最著名的旅游景区之一

芭提雅是泰国最著名的旅游景区之一，这里有着优美的自然风景和卓越的人文景观，素有"东方夏威夷"之称。尤其是那白色的沙滩与明净的大海，吸引着世界各地的游客。这里有世界一流的海滨游泳场，不但可以进行游泳、潜水、日光浴等传统的海边娱乐活动，还能尽享新奇刺激的海上滑水、冲浪等极限运动的乐趣。还可以在海滩南端的可兰岛乘坐透明长尾船欣赏海底五光十色的珊瑚奇景和色彩缤纷的热带鱼。

芭提雅地区到处都是惊喜。不仅有令人垂涎三尺的东南亚风味美食，那大名鼎鼎的蒂芬妮"人妖秀"更是充满了令人无法抗拒的诱惑；在芭提雅文化主题乐园上演的泰国民间戏剧令人拍案叫绝；那些著名的沙滩海岸沙白如银，水碧如玉；椰林茅亭、小楼别墅掩映在绿叶红瓦之间，一派东方热带的独特风光，令人心旷神怡；而独特的信不信由你乐园内展出着千奇百怪的珍稀物品，令人大开眼界。

TIPS

从曼谷乘专线车即达 ★★★★★

珊瑚岛是芭提雅近海最具魅力的小岛，来到这里可以漫步在与粼粼碧波的大海平行的栈桥上，欣赏气势汹涌的潮汐起落和夕阳风情万种的光影，伴随着拂面的海风，就算是独自一人也能度过一段难忘的美好时光。

02 七珍佛山
世界上最独特的佛教巨像 赏

TIPS
🏠 Na Chom Thian, Sattahip, Chon Buri , 20250 🚗 乘当地出租车即达 ★★★★★

七珍佛山是世界上最独特的佛教巨像，是为了纪念泰国国王普密蓬·阿杜德登基50周年而特制的。这座完工于20世纪90年代中期的佛山，独特之处在于佛像的制作方法。制作时，首先将山体从山巅处剖开，并削平一面后，再用激光直接在山体上刻绘出优美的佛像轮廓，最后用象征高贵和气派的纯金镶嵌出线条。

这座大佛的整体形象经多位名家数年酝酿才设计完成。它线条优美，色彩极为亮丽。佛像共用了18吨意大利进口的24K金嵌线来装饰，可谓成本高昂。它所带来的感官震撼与壮丽景象更是寻常佛像难以匹敌的，即使是在泰国这个佛国之内也算得上首屈一指。这座大佛的位置也是由高僧运用深奥的风水学知识精心挑选出来的，选在泰国国王龙脉经过的地方，具有祈求吉祥的意味。而在这座山中挖掘出的数十尊古佛像更给这里平添了一层历史的厚重感。这座大佛造型为跏趺坐的释迦牟尼佛，他的表情和蔼安宁，给人以平静安详的感觉，象征着普密蓬·阿杜德带给泰国人民和平欢乐的生活。这座大佛的贵重之处不仅在于那些闪闪发光的线条，位于大佛心脏部位的释迦牟尼舍利子更是价值连城的稀世珍宝。大佛的四周视野良好，一马平川的地形使人们即使在数公里外也能将佛像的神态看得一清二楚。

03 Khao Kheow Open Zoo
泰国最大的动物园 玩

绿山国家公园Khao Kheow开放式动物园位于芭提雅，拥有高山常绿植物、混合落叶林及广大草原林，孕育了丰富的野生动物，是泰国最大的动物园，有超过300种、总数8000多只动物。动物园很受泰国政府的重视，在政府的扶持下不断地发展扩大，如今已经成为亚洲第二大的鸟类培育中心。白鹳、凤头白眉等各种珍贵品种都能在这里看到。在这里还可以学习并了解到很多野生动物的知识，增进人类与动物之间的交流。

除了鸟类，动物园还挽救了一些濒临灭绝的珍稀野生动物，并饲养了很多大型哺乳动物，如大象、长颈鹿、野狗、骆驼等。除了动物的数量庞大外，开放式游览模式才是其最大的特色，游客可以乘坐动物园内的电车近距离地观赏大象、狮子等动物，或者骑上大象拍几张自己的雄姿。如此近距离地面对那些野生动物，绝对会带给你不一样的新鲜感受。动物园的tapirbird鸟舍享誉世界，这座鸟舍建在一座山上，环境优美，条件舒适，吸引着全世界的鸟类爱好者前来参观，甚至有很多人在这里花上数小时拍摄他们心仪的鸟儿。

公园会提供自助晚餐，有兴趣的游客还可以在夜间参观动物园。

TIPS
🏠 Bang Phra, Si Racha, Chon Buri ,20110 ☎ 038-298-195
🚗 乘当地出租车即达 ★★★★

04 信不信由你乐园 玩

观看各种珍奇什物

TIPS

📍 3rd Floor Royal Garden Plaza, Pattaya ☎ 038-710-294 🚕 乘当地出租车即达 ★★★★★

位于芭提雅的信不信由你乐园，是一家集戏剧表演剧院、动感影院和博物馆于一体的大型娱乐场。信不信由你乐园里面的博物馆是一个展示冒险家里普利周游世界各地时收集的各种珍稀物品的博物馆，陈列了200多件世界各地珍奇事物的图片、蜡像和标本，馆内10个不同主题的展厅中有数以百计的令人想象不到的展品。

信不信由你乐园的戏剧表演剧院会定期上演一些戏剧，每一场演出都精彩纷呈。

乐园里的动感影院每天都会放映大量好看的影片，几乎每一场都会爆满。动感十足的画面、身临其境的感觉、生动的人物形象，让人百看不厌。另有一座由飞行员训练中心改建的高科技视听馆，每日播出3段立体影片，移动式座椅可以令观众完全身陷于惊心动魄的动作场面中。此外还有波形隧道、变形镜、不平衡房间、逼真的机器人演讲等奇趣世界，饶富趣味性及知识性。

在这里不仅能休闲、娱乐、放松，还能在游玩之余学习到很多知识，所以不仅在泰国，在整个亚洲信不信由你乐园也享有盛誉，每年不管什么季节都会吸引大量游人前来游玩。

05 芭提雅文化主题乐园 玩

新兴的文艺表演剧场

TIPS

📍 Sukhumvit K.M.155, Na-Jomtien, Pattaya, 20250 ☎ 038-256-007 🚕 乘当地出租车即达 ★★★★

位于芭提雅市钟天区内的芭提雅文化主题乐园是泰国一个新兴的文艺表演剧场，也是欣赏泰国各种现代戏剧艺术的好去处。表演的节目大都取材于泰国的历史传说和佛经故事，既有古代泰国王室多姿多彩的水灯节巡行队伍，也有金戈交鸣的战争场面，而观众参与的互动节目则是最受游客欢迎的桥段。

在这个剧院上演的不是随处可见的泰国传统表演，而是一场场极具现代风格的表演。精彩火热的舞蹈表演与多维彩色激光、灯光和环绕立体声系统结合，是泰国现代时尚风情的最好展现。这里的舞蹈富有活力，一场场令人震惊、叹为观止的奇妙演出，让人们沉浸在美妙世界中。每场演出都运用了现代化的声光效果，无论是效果完美的剧场、豪华的装饰，还是精彩绝伦的现代表演；又或者是奢华的演出服、震撼的音乐、令人叹为观止的特效，都会使每一位来宾保留一份难得的回忆。芭提雅文化主题乐园的歌舞秀和热闹喧嚣的城市街区相互衬托，互为特色。这里气氛融洽，各色人种云集，各地文化汇聚，热闹的氛围让人眼花缭乱，聚集着全世界人们的目光。

芭提雅文化主题乐园除了上演精彩剧目的剧院外，还有介绍泰国历史、文化的文化讲坛和供游客享用各种美食的餐厅，而星光楼和有着无尽幸运象征的钟塔是现代泰式建筑的杰出代表。

06 东芭热带植物园

东芭乐园中最具独特魅力的景点

东芭热带植物园是著名的东芭乐园中最具独特魅力的景点，是由位列泰国十大富豪的泰籍华人王亮先生捐资建造的。植物园清新的自然环境和美丽的园林景观在泰国诸多旅游景点中备受好评。这个植物园在建成之初是一个野生动植物保护园区，从20世纪80年代初期起开始对外开放，并逐渐演变成为一个集旅游、休闲、科研、科普等多种功能于一体的综合性旅游景区。

东芭热带植物园占地广阔，拥有多个热门景点。法国花园和欧洲花园都极具异国情调；独特的巨石阵花园令人叹为观止；仙人掌花园中那一棵棵在干旱的土地上生长的植物带给人顽强不屈的精神；斑叶植物园则是让游客们大开眼界的地方，那些可爱的斑纹植物所具有的独特风姿令人不忍离去；奇妙的蚂蚁塔会令观者感叹世界之大无奇不有；蝴蝶山与兰花、菠萝展示花园都是各具特色的景点；花谷是鲜花的海洋，五彩缤纷的花朵在这里绽放出自己最美丽的姿态。

漫步在东芭热带植物园那错综复杂的小路上，能够体验到热带雨林的别样风情，享受绿色植物带给我们的舒适。这里还种植了许多全球濒危植物，包括日渐稀少的蝎尾蕉属的部分物种，它们的美丽容颜在外界已经很难见到了；形态各异的苏铁科植物是另一大看点，这里汇集了东南亚、中北美及南美、非洲中部的多个品种，姿态万千。

TIPS

- Pattaya, 20150
- 038-429-321
- 乘当地出租车即达
- ★★★★

07 迷你暹罗园

泰国著名的旅游景点

　　迷你暹罗园是泰国著名的旅游景点，在世界众多微型景观中也是名列前茅的。它位于芭提雅市近郊Sukhumvit路，交通十分便利，不可不去。以缩微景为看点的游乐园很多，但是迷你暹罗园的独特之处在于它完美地复制了泰国的许多景点，既有挺拔的高山，也有奔腾的河流和气势雄伟的瀑布，而蜿蜒绵长的铁路以及泰国72府中的名胜古迹无一缺席，连都市中的现代化机场、码头、高楼大厦等泰国重要的现代建筑也林立于此。

　　比较值得参观的景点有以下几个：已经废弃的古代素可泰王宫，这座宫殿传说无比雄伟壮观，但是它的全貌至今已无人知晓，现有的景观是根据考古发掘的结果和古书的记载而建造的；华贵典雅的阿育陀那王宫则是古代泰国的象征，游客们可以在这里窥探到古代泰国的一丝风采；古朴典雅的大王宫、郑王庙、云石寺等建筑是泰国著名的旅游景点，在这里也能看到它们的身影；"死亡铁路"则是二战中著名的悲伤之路，它是日本侵略者残暴与疯狂行径的重要见证者；因电影《桂河大桥》而扬名世界的同名桥梁已经成为泰国国内的一处著名景点，这座用战俘的鲜血与生命筑成的桥梁是一段不可磨灭的记忆。此外，园中还有纪念君主立宪的民主纪念碑、素可泰王朝拉玛五世的骑马铜像以及意大利文艺复兴式的建筑——旧国民大会大楼等。

　　这个游乐园的另一个看点在于它将世界各国的著名景观汇聚一堂，虽然是缩微景观，缩微比例大约是1:25，但是却深得原建筑的精髓，能让游客不出远门即可游遍世界，而且这些景观相互映衬，凸显出一种独特的魅力。

TIPS

📍Sukhumvit, Na Kluea, Bang Lamung, Chon Buri, 20150
📞038-727-333　🚗乘当地出租车即达　⭐★★★

08 沙美岛
泰国著名的旅游休闲胜地

TIPS

🚌 从芭提雅乘游船即达 ⭐★★★★

　　沙美岛是泰国著名的旅游休闲胜地，它是一个风景秀丽的小岛，在这里可以纵览无边无际的海天风光，感受渔民的纯朴生活。这座小岛交通便利，从芭提雅市区可坐公交车直达，在搭乘渡船过海的同时还能欣赏美丽的海滨风景。

　　小岛上的海湾人流稀少，没有别处那热闹喧嚣的嘈杂声，因而有着独特的幽静氛围和难以言喻的浪漫情怀。来到这里的情侣携手并肩漫步在海边，安详地享受柔和的日光浴，尽情地享受幸福甜蜜的二人世界。岛上还有提供出租摩托车和汽艇的服务。

　　沙美岛最受欢迎的旅游项目是乘渔船环游小岛，这样不但能感受大海的无穷魅力，也能体验渔民的独特生活，还能自己捕鱼，亲手烹调。午后来悠然自得地顺水漂流，享受这难得的闲暇时光吧！

　　沙美岛上美食众多，汇聚了世界各地的美味，从南极附近的澳大利亚菜，到北极附近的俄罗斯菜无不涵盖，赫赫有名的中国菜也做得颇有特色。当然在这里最值得品尝的自然是大名鼎鼎的泰国菜。这些食品价廉物美，即便将菜单上的美食一一品尝，也不会花费太多。

　　岛上度假村大都在海边，在那里可以看到气势雄伟的碧海蓝天，随时可以下海嬉戏潜水，实在是不可多得的美好享受。游人在这里可以将所有烦恼、压力抛掷身外，使自己彻底放松。

09 真理寺
极富特色的全木质寺庙 赏

位于芭提雅市Tambon Naklua地区拉差尉岬的真理寺是一座极富特色的寺庙,在泰国这个佛教之国的诸多寺庙中也是非常引人注目的一处。这座寺庙始建于20世纪80年代初,是一座全木质的殿堂,它融合了泰国传统宗教文化和艺术,有着难以言喻的魅力,被认为是泰国建筑的杰出代表之一。

真理寺是由泰国的富商出资建造的,为的是弘扬泰国传统的佛教文化,并将泰国民间手工艺术用实物的方式保存下来。这座寺庙完全由木头建成,寺内的佛塔高度不一,最高的达到100余米,这种参差不齐反而成为一种特殊的风格。真理寺主殿采用了泰国传统的大城时期的建筑风格,因而具有古老的韵味。这座寺庙的最大特点在于它是一座竣工日期永远未定的寺庙,因为木质建筑要求做工

TIPS
📍Na Kluea 12, Na Kluea, Bang Lamung, Chon Buri ,20150 ☎038-367-229 ★★★★

精良,且对建筑技术要求很高,导致工程量巨大,再加上那些精雕细琢的雕像,所以工期旷日持久。更重要的是,因木材会随着时间的流逝而腐烂,所以在修建的同时还要不停地进行返修。游客们在此处游玩的时候还需要佩戴安全帽,以防止被那些掉落的腐烂木材砸伤,这种独特的体验是别处难以感受到的。

真理寺深得东南亚传统建筑的精髓,这里的木雕内容大都取材于佛教典籍中的故事,也有部分内容来自泰国民间传说。这些雕刻工艺精湛,人物形象饱满大方,表情惟妙惟肖,令人赞叹不已。有趣的是,内容大都取材于小乘佛教的经文,故事情节与中国通行的大乘佛教颇有不同,来到这里的中国游客会有耳目一新之感。

10 东芭乐园
集中展示泰国民俗文化的场所 玩

东芭乐园是泰国一处著名的综合旅游中心,集自然景观、民俗文化表演等多种旅游项目于一体,这里水光潋滟,树木葱茏,鸟语花香,景色如画。园中的民俗文化村是集中展示泰国民俗文化的场所。这个公园是由泰国华裔大富豪王亮投资建造的,有椰林、兰花园、欧式园林区、泰式园林区等多个组成部分。

园内文化村的民俗表演在专门的剧场中举行。能容纳1000多人的大剧场会定时上演刚猛绝伦的泰国拳术,游人也有机会欣赏到极具乡村特色的指甲舞、竹竿舞等泰国民族舞蹈,而再现古代战士骑象厮杀的战斗场面更是令人激动不已,在民间盛行的斗鸡游戏和充满宗教色彩的传统结婚仪式等节目也极具吸引力,给人一种亲临其境的感觉。

TIPS
📍Sukhumvit K.M.155, Na-Jomtien, Pattaya, 20250
☎038-709-358 💰20泰铢 🚕乘当地出租车即达
★★★★

大象表演是泰国的一大特色旅游项目,无论是凶猛激烈的厮杀还是灵巧优雅的动作都会让游客大开眼界。

东芭乐园中的植物园是一个集旅游、休闲、科研等多功能于一体的热带植物园,是一个荟萃热带、亚热带植物的宝库,也是一个花园式的游览胜地。园中既有五彩缤纷的鲜花,也有珍稀植物,尤其是少见的蝎尾蕉属的植物,它们所绽放出的美丽常常令人惊叹不已。

11 乔木提恩海滩
新兴的度假景点

TIPS

🏠 芭提雅市区以南3公里　🚗 乘当地TUTU车即达　★★★★

乔木提恩海滩是近年来新兴的旅游景点，虽然没有芭提雅海滩那人声鼎沸的热闹情景，但却有着独特的清新景致。这里金色的阳光、柔软的沙滩和清澈的海水不输于世上任何一处海滩。这个海滩远离热闹喧嚣的芭提雅市区，是一处难得的清静之地。漫步在沙滩上，可以眺望远方那海天相接的壮观景象。

来到乔木提恩海滩，可以在湛蓝的大海中痛快地畅游，尽情挥洒自己的青春与活力，也能乘坐快艇享受那自由奔驰的快感。蜿蜒的海岸拥抱着蔚蓝透彻的海水，沙滩沙粒松软，赤足踏上后有种别样的舒服感觉。这片海域的水质洁净，可以清楚地窥探到海底生物世界的奇妙景象。

在这片平静的海滩上可以慵懒地享受日光浴，或者坐在随风作响的椰子树下品尝清淡的饮料，悠然自得地享受闲暇时光，这种美妙的意境是难以用语言形容的。等到了夕阳西下之时，这里是最适合情侣漫步、共享甜蜜时光的地方。

乔木提恩海滩中最值得品味的是那壮丽的日落情景，原本湛蓝的天空被晚霞渲染上一层金黄的色彩，火红的太阳慢慢地向海面坠落，平静的水面上闪耀着夕阳的霞光，当金乌落于海面、海天难辨之时，令人不得不感叹大自然的神奇，能够制造出此等美景。夜间，这里繁星点点，与人间灯火融为一体，又有着一种奇妙的典雅风情。

12 蒂芬尼剧院
泰国最著名的"人妖秀"表演剧场

蒂芬尼剧院是泰国最著名的人妖秀表演剧场,这里从20世纪70年代开始就有了正式的人妖艺术表演,已经成为芭堤雅最著名的景点之一,每年都会有成千上万的游客前去观看那精美绝伦的歌舞表演。

TIPS
464 Moo 9, Pattaya 2 Rd., Pattaya, Chonburi, Bangkok, 20260　038-421-700　500泰铢　★★★★

人妖秀表演是泰国最具吸引力的旅游项目之一,曼谷与芭提雅则是并称于世的两大人妖秀表演所在地,而芭提雅的人妖秀表演就要数蒂芬尼剧院的表演最为知名,其主要面向中国内地及港澳台的观众,所以他们表演的节目也多以符合华语圈的游客审美为主。表演不但有华语流行歌曲,也有身着清朝服饰的华丽宫廷舞,具有强烈的中华文化色彩。当然也有众多吸取日韩流行文化精髓的表演节目,欧美流行的劲歌热舞也是必不可少的。

当看着演员们的翩翩舞姿和优美的身段,听着他们或清脆或缠绵的歌声,很难相信这些演员的真实性别,他们已经超越以假乱真的境界,一个个风情万种,极具女性的诱惑。虽然蒂芬尼剧院的表演是以漂亮的人妖秀而出名的,但是演员们并不只是好看的花瓶,他们才艺出众,表演的歌舞极具专业水准,给观众们带来了精彩的享受。

蒂芬尼剧院为了人妖秀表演,经过了精心的装修,整个剧院富丽堂皇,声光效果也采用了国际先进技术,让来到这里的观众获得最好的视听效果。

13 云石公园
芭提雅郊区的旅游胜地

玩

云石公园是芭提雅郊区的著名旅游胜地，这里风景优美，是一个与大自然亲密接触的绝佳去处。这座建于20世纪70年代的公园，除了各种奇花异草与飞禽走兽，还有着令人瞠目结舌的矿石展览，这是别处难以看到的。这个公园由泰国富商投资建造，其本意是保护美丽的自然和泰国传统的优秀文化，现在则是一个培养民众对大自然情感的地方。

TIPS
- 22/1 Moo 1, Nongplalai, Banglamung, Chon Buri, 20150
- 038-249-311　★★★★

云石公园内有很多珍稀树木，除了泰国各地的树种，还有移植而来的数百年老树，更有数百万年之久的树化石。在这里可以与不同年代、不同种类的植物亲密接触，观察这些大自然的生灵。

公园内的动物园里最引人注目的当属罕见的白老虎，这种百兽之王有着罕见的美丽毛皮，黑白相间的花纹是它的特征，矫健的身姿是力量的展现。这里还有乖巧的大象、奔驰的骏马、健步如飞的鸵鸟等动物，游客们可以与这些驯化了的动物合影留念。

公园内每天还会举行各种有趣的表演活动，其中最著名的当属惊险刺激的人斗鳄鱼，成年男子赤手空拳与凶狠的鳄鱼搏斗的场面令人血脉贲张，吸引着世界各地的游客来此观赏。游客们还能在公园里购买活食抛掷给野生动物，无论是狮子、老虎还是水中的鳄鱼，都能让你看到它们嗜血的一面，当游客把食物垂钓在半空的时候，可以看到鳄鱼跃出水面、吞下食物的刺激场面。

14 龙虎园 玩
世界上最大的龙虎园

TIPS
📍 341 Moo 3, Nongkham, Sriracha, Pattaya, 20110　☎ 038-339-111
★★★★

　　龙虎园位于曼谷至芭提雅的途中，其中龙指的是"鳄鱼"，虎指的就是"孟加拉虎"，这是世界上最大的龙虎园，拥有200头驯服的老虎，它最大的特色就是各种丰富的表演。

　　在这里，你能看到大猪和小老虎、小猪和大老虎被关在一起的奇怪场面，看上去两种动物住在一起其乐融融，实际上这里的数百只老虎都是由母猪哺乳养大。

　　游客还可以看到老虎的各种有趣表演。如果胆子足够大的话，你还可以抱起一只小老虎给它喂奶，与成年老虎合影。所有这些都是收费的，但是价格还算合理，不是很贵。除了老虎的表演，大家还能看到人斗鳄鱼的表演，特别惊险刺激，让人心惊胆战。表演者有的把头伸到鳄鱼嘴里，有的在鳄鱼身边游来游去，有的甚至骑在鳄鱼上，驱赶鳄鱼。除此之外，这里还卖有可供人食用的鳄鱼蛋。在鳄鱼馆里，游客还能了解到很多有关鳄鱼的知识，甚至还能熟悉鳄鱼孵化的全过程。

　　除了表演，游客还可以与动物搞些互动，可以与老虎、鳄鱼、大猩猩等动物拍照留念，也能看到真正的原生态非洲舞蹈。龙虎园不仅吸引着孩子，也吸引着世界各地的成年游客。

---

15 罗永府 玩
风光优美的旅游区

　　罗永府位于泰国东部，是著名的旅游风景区。这里紧临泰国湾，优美的海岸风光使来过的人们对其赞叹不已。当然这里还有令人垂涎三尺的各种海鲜佳肴，是一个集观光游览、度假休闲、疗养健身、文化娱乐于一体的综合性热带滨海旅游休闲胜地！

　　游客既可以在清澈的海水中畅游，也能潜入水中去探寻神秘的海底世界，色彩缤纷的鱼儿和千奇百怪的珊瑚都是难得一见的美景；既可以在细软的沙滩上悠闲地享受日光浴，也能参加激烈的沙滩排球、沙滩足球等活动，尽情挥洒自己的汗水。到了黄昏时分，漫步在棕榈林下，遥望远方的夕阳缓缓落入平静的海面下，这种大自然赠送给人们的美好景色让人震撼不已。

TIPS
📍 Rayong, Thailand　🚗 从芭提雅乘TUTU车即达
★★★★

　　在罗永府品尝海鲜是绝佳的选择，那些刚刚捕捞出来的水产品，无论是煎、炸、烹、煮，还是清蒸、凉拌，都是难得的佳肴，不同的做法有着不同的口感，再搭配上高品质的楠普拉鱼酱，吃入口中真是令人回味无穷。

16 芭提雅四方水上市场

"杜拉拉"中的水上市场 逛

TIPS
- 451/304 Moo 12, Sukhumvit-Pattaya Rd., Nongprue, Banglamung, Chonburi
- 038-706-340
- 租船可达 ★★★★

芭提雅四方水上市场是最能体现出泰国传统的水上市场面貌的水上市场，同时也是湄南河上最原始的水上集市。芭提雅四方水上市场主要经营新鲜的热带水果、工艺品、特色小吃等各类商品。走进芭提雅四方水上市场首先是要乘坐一种细长条的小船，然后由船家摇船进入市场。水边布满了各种木质结构的摊位，商品琳琅满目，数不胜数。

17 金沙岛

金光耀眼的海岛 玩

TIPS
- 曼谷东南方147公里
- 自芭提雅乘船可达 ★★★★

金沙岛是一处旅游开发非常成熟的岛屿，靠近芭提雅，与普吉岛有一定的相似之处。金沙岛海滩沙质细腻，洁白明净，人行其上没有下陷的感觉。金沙岛太阳辐射强度大，有着丰富的辐射光照，因此也是天然的日光浴的好去处。金沙岛上满是细细的黄沙，在阳光下遥望海岛，金光闪耀，犹如一条巨大金带漂于蔚蓝大海之上。你不仅可以来一局沙滩排球也可以骑一骑水上摩托车，享受水上摩托车的刺激，还可以在碧蓝的天空下、清澈见底的海水中游泳。在金沙岛上，你可以自由自在地欣赏到芭提雅的美景。当然你也可以搭帐篷，来一次难忘的海边烧烤。金沙岛的沙滩还是一个潜水的胜地，你可以租小船去海中享受潜水的乐趣或者进行垂钓。金沙岛的沙滩是一个观看日出日落的最佳场所。你也可以随意找一家海边餐厅，一边品尝美食一边欣赏金沙岛的美丽与动人。

畅游泰国 芭提雅

THAILAND GUIDE

Thailand
畅游泰国 ❸

清迈

清迈是泰国的第二大城市,曾经是泰北兰纳泰王国的都城,迄今已有800余年的历史,城中有双龙寺、隆圣骨寺等历史古迹,是一座闪耀着泰北地区灿烂历史光辉的古都。

打开清迈！

1 印象

　　清迈是泰国的第二大城市,是泰国北部的政治、经济、文化中心。清迈市气候温润,风光美丽,遍植花草,尤以玫瑰花居多,是一处避暑度假的胜地,也被人们称为"北部玫瑰"。曾经作为泰北兰纳泰王国首都的清迈也是一座历史悠久的名城,已有近800年的历史,至今还保存着大量的历史文化遗迹,包括双龙寺、柴迪隆寺等在内的代表着泰北灿烂佛教文化的寺庙。此外,清迈还以泰丝和陶瓷器皿著称于世,这两项也是泰国重要的制造业支柱。人们来到清迈观光,可以感受到少数民族风情,也能品尝到当地的美味小吃。

2 地理

　　清迈是泰国北部第一大城,北临缅甸。府内多山,坤丹山脉和英坦昂山脉从东、西两侧在境内交汇,山峰多在海拔2000米以上,其中英坦昂峰是泰国第一高峰,

海拔2576米。中部则是平原、盆地地区，是城市的主要生活区。

❸ 气候

清迈气候宜人，全年温差不大，冬暖夏凉，是泰国有名的避暑胜地。每年6—9月是清迈的雨季，会有大量的降水。年降水总量为1180多毫米。

❹ 清迈节日

博桑伞节

时间：1月

在清迈边上有一个小镇博桑，这里的特产就是博桑精美的纸伞。每年1月，博桑都会召开为期三天的雨伞节，每到这个时候，各个制伞作坊就会将自己最得意的作品拿出来销售，并在沿街现场表演纸伞的制作过程，向人们展示这种传统工艺的魅力。同时还会举办各种雨伞的展览和博桑小姐的选美比赛。

鲜花节

时间：2月

清迈人爱花和种花是相当知名的。每年2月上旬，清迈就进入了鲜花盛开的最佳季节。这时候人们会将自己种植的鲜花纷纷拿出来，装饰成漂亮的花车。到时候，各种鲜花展示会、花车游行、手工艺品出售以及鲜花节选美比赛都会相继展开，场面非常热闹。

水灯节

时间：11月

水灯节是泰国的传统节日，每年11月在泰国各地

都会举行，尤以清迈的水灯节最为隆重盛大。在水灯节上，清迈人会在水中放走用香蕉叶编制的小船，小船中载着一个小纸灯。这个节日是当地人民为了祭祀河神而设立的，节日期间会有一系列庆典活动。而放水灯的含意也随着时代的变迁而不断变化，从祈求风调雨顺到婚姻幸福美满再到全家人身体健康等不一而足。到了晚上则会举行盛大的美女花车巡游、放焰火、释放热气球等活动，热闹非凡。

⑤ 清迈交通

出租车

清迈市内的出租车可以算是价格相当划算的交通工具，其中还分人力三轮车、TUTU车和普通的士三种，尤其以TUTU车最为便捷。这种车是由敞篷摩托三轮车改造而来，在清迈街头随处可以见到，市内单程一般在10泰铢左右。另外还可以包车，只要付300泰铢就能雇一名司机载自己去各景点游览一天。

巴士

清迈市内的巴士线路并不是很多，巴士站点主要位于市中心地区，可以在地图上找到所有的巴士站，还算比较方便。

汽车租赁

在清迈市旧城区有很多自行车和摩托车出租店，每天的租金分别是50泰铢和200泰铢，出租手续也很简便。清迈市区道路平坦，如果是开车自助游，一两天就可游遍清迈的景点。

⑥ 清迈美食

提起清迈的美食，自然要以康托克餐为首。这种被称作"帝王餐"的晚宴是清迈最著名的晚餐活动。人们在进食时需脱去鞋子，围坐在一个矮小的桌子前，先喝一些清凉爽口的餐前饮料，接着一盘盘精美的菜肴就端上来了，菜品有咖喱、炸鸡、炸脆猪皮和野菜等，非常

可口，同时还会有泰国美女为人们表演蜡烛舞和指甲舞等当地传统舞蹈。在享受泰国风味美食的同时还能欣赏到当地气息浓郁的舞蹈，可以说是一举两得。康托克餐的价钱并不贵，每餐200泰铢上下，经济实惠。此外，清迈还有来自世界各地的风味美食，包括中餐、意大利餐、印度餐等等，这里的素菜也独具风味。

7 清迈购物

清迈可以说是泰北地区各种手工艺品的集散中心，以陶瓷器和丝织品最为出名，还有木雕、漆器、银器、藤器和竹器等精美工艺品。在清迈随处都能找到出售这些工艺品的大小商店，品质却是良莠不齐，有时候人们也能意外地淘到质量上乘的好东西，这种淘宝的过程本身就充满了乐趣。清迈夜市在泰国也是非常出名的，这也是人们淘宝的一个好去处，大部分当地特产在这儿都可以买到，并且价格非常便宜。有时还有当地少数民族的艺术家在这里开设摊位，可以买到一些平时很难见到的艺术品。

8 清迈住宿

清迈作为泰国北部最重要的旅游城市，旅游业相当发达。饭店、酒店众多，而且服务优良。这里的旅馆、酒店档次各异，从普通的路边旅馆到高档的五星级酒店一应俱全。不过地理位置好的酒店大多价格不菲，但都临近清迈夜市，对于购物和休闲来说相当合适。

9 清迈娱乐

清迈是佛教寺院的天下，在这里具有数百年历史的古寺不下数十处，以松达寺、帕辛寺、双龙寺、隆圣骨寺等最为著名，这些古寺或古朴或绚丽，各有特色，让人百看不厌。除了寺庙，清迈还有很多当地少数民族聚居的民族村，人们在民族村不仅能体验到这些少数民族的传统民俗和风情，还可以参加骑大象等有趣的活动。除此之外，清迈还有很多植物园、兰花园和素贴山等风光旖旎的自然景观可供游人参观。清迈的夜生活也相当丰富，除了著名的夜市，各处都有泰国传统舞蹈表演，洋溢着传统文化的气息，十分吸引人。

畅游泰国 清迈

107

01 三王雕像
当地人集中进行朝拜的地方之一

TIPS
📍 Phra Pok Klao, Sri Phum, Mueang Chiang Mai, Chiang Mai 50200 ★★★

三王雕像坐落于清迈艺术文化中心的正前方，这座雕像是为了纪念三位对清迈有着重要贡献的大王：兰甘亨大帝、孟莱王和南蒙王。孟莱王是清迈城的建立者，建设清迈城的时候，周边的兰甘亨大帝和南蒙王派遣了大量的人手进行协助，传说这三人当时结为同盟，恩若兄弟，为清迈的发展创造了一个非常稳定的社会环境，所以他们被当地人所敬仰。三王雕像由铜铸成，雕像中三位大王站在一起，仿佛是在为建设清迈城而交换着意见，表情平和而自然，栩栩如生，让人不由赞叹当时工匠们的高超技艺。这里是当地人集中进行朝拜的地方之一，每天都会放满鲜花，也会有人在这里焚香祈祷，向三位伟人祈福。这座雕像就好像清迈的保护神，静静地守护着这座城市。

02 松达寺
清迈历史最悠久的寺庙之一 赏

TIPS
 Su Thep, Mueang Chiang Mai, Chiang Mai 50200　★★★★

至今已经建立了600多年的松达寺是清迈历史最悠久的寺庙之一，在泰语中的意思是"花园寺"。这里原本是一位高僧的住所，后来曾被兰纳泰王朝征用为御花园，因此松达寺的大门采用了泰国北部皇宫大门的典型式样。松达寺中最显眼的建筑就是埋藏有佛祖舍利子的大金塔，金塔周围是超过一人高的白塔塔林，这里也是兰纳泰王朝的王族去世后的埋骨之所。松达寺主僧院的规模非常大，使用豪华精美的木雕作为墙壁装饰，僧院的铁窗也都用精美的佛像造型做装饰，其华丽程度令人咋舌。僧院内供奉着一座超过500年历史的青铜佛像。僧院外面就是高僧库鲁巴斯里威差的墓地，这位高僧在1930年翻修了当时已经破败的松达寺。每年4月，松达寺也是清迈泼水节的主要会场之一。

03 隆圣骨寺
清迈最高的古建筑

隆圣骨寺在泰语中的意思是"大塔寺",寺庙的标志性建筑就是建造于1440年全高90米的巨大兰纳泰式佛塔,塔身呈四方形,经过历代信徒多次加高,成为当时清迈最高的建筑,传说在塔顶可以远望千里。虽然原塔在16世纪的一场地震中被震坏,但是经过数次翻修,目前依然留存着佛塔的遗址。在塔的东面有一座神龛,这里曾经供奉着一尊玉佛,后来为了躲避战火,玉佛被转移到了曼谷。在塔的南侧有6个象头的塑像,其中只有一个是原物,因为年代久远失去了鼻子和耳朵,不难从中看出这座寺庙历史的悠久。佛塔后面有两座殿堂,每一座殿堂里都供奉着隆圣骨寺历代高僧的蜡像,这些蜡像造型生动,目光炯炯有神,颇具神采。隆圣骨寺虽然不如其他寺院那样游人如织、香火旺盛,却也是清迈的著名寺庙之一,深受信徒推崇。

TIPS

Sri Phum, Mueang Chiang Mai, Chiang Mai 50200　053-278-595　★★★★

04 双龙寺
清迈著名的佛教圣地

双龙寺是清迈著名的佛教圣地。传说古时一位高僧为了守护自己带来的佛舍利，特地将舍利放在一头白象身上，让白象选择存放舍利子的地点，然后在白象停下的地方建造了一座寺庙。因为在通往寺门的山路上有两条金龙雕像，所以这里就被称作双龙寺。双龙寺可以用"金碧辉煌"四个字来形容，寺中的建筑大多都用金箔装饰，随处也可以看到由黄金打造的伞盖，整个寺庙所使用的黄金达240多公斤。除了寺门外的双龙，寺门两侧还摆放了泰国传统的大象雕塑，这与中国摆放石狮子的传统不同，具有鲜明的泰国特色。双龙寺有三件镇寺之宝：佛祖舍利、舍利塔顶的水晶莲花、正殿里供奉的释迦牟尼像。这三件都是很具历史价值和艺术价值及宗教意义的宝贵文物，也是双龙寺的象征，因此吸引了很多善男信女来此顶礼膜拜，使得这里常年香火旺盛。

TIPS

Su Thep, Mueang Chiang Mai, Chiang Mai 50200　乘Doi Suthep-Doi Pui双条车即达　★★★★

畅游泰国 · 清迈

05 蒲屏宫
泰国王室的夏宫

蒲屏宫是泰国王室的夏宫，坐落于素贴山顶，目前只有在没有王室人员居住的时候才开放夏宫的花园部分。蒲屏宫的外观是典型的泰式王宫样式，在花园里可以清楚地看到各个宫殿，白色的墙壁配上黄色瓦片显得非常雅致。花园里种植着大量名贵的花朵，都是由园艺师精心培育的，有的玫瑰花甚至和人脸一般大小。色彩各异的花朵争奇斗艳，让人目不暇接。由于当地的湿度比较高，所以这里常常会有淡淡的薄雾，走在薄雾里，周围是五颜六色的奇花异草，好像身处仙境一般。花园的中心是一个很大的喷泉，这喷泉的造型十分高贵，喷泉的水声给周围安静的环境带来一丝热闹的气息。游人至此，自能感到一种平和宁静之美。

TIPS
- Su Thep, Mueang Chiang Mai, Chiang Mai, 50200
- 053-223-065
- 乘Doi Suthep-Doi Pui双条车即达
- ★★★★

06 清迈艺术文化中心
清迈市政府改建的博物馆

清迈艺术文化中心坐落于清迈古城区的中心，这里曾经是清迈市政府的所在地，现在开辟为博物馆。红瓦白墙的建筑在古建筑林立的清迈古城区内独显出现代气息。艺术文化中心前有一个大广场，广场上就是清迈著名的三王雕像。博物馆被划分为历史展示馆和文化展示馆两个部分。历史展示馆陈列着清迈的各种历史资料，并通过图片等资料介绍了清迈人古往今来的生活方式和习惯等；文化展示馆则通过各种实物和其他资料介绍了清迈本地的农业和佛教文化，还通过陈列的各种艺术品和生活用具等文物介绍了当地山地民族的生活，可以说是清迈乃至整个泰北地区历史的详细介绍。每一个展示馆里都有解说员向游人细心讲解，颇为周道。

TIPS
- Sri Phum, Mueang Chiang Mai, Chiang Mai 50200
- 053-217-793
- ★★★★

07 皇太后行宫
泰国的瑞士 赏

皇太后行宫位于莱东山上，是泰王送给皇太后诗纳卡琳的生日礼物。由于行宫与其周边的建筑很具欧洲风情，所以这里也被称作"泰国的瑞士"。皇太后行宫是一幢集泰北建筑风格和欧洲建筑风格于一身的木质二层小楼，建造这座小楼的木料都是从国外运来的高级柚木。走进行宫，首先是一个大厅，大厅的天花板上镶有以夜空的群星为主题的装饰物，游人们可以在这里抬头仰望满天星河。大厅的壁纸也非常精美，凑近看会发现壁纸上的图案都是手工刺绣而成，令人惊叹不已。二楼的阳台则是远眺的大好场所，令人心旷神怡。行宫的各个房间里放着皇太后御用的器具，精致美丽但并不奢华，充分体现了皇太后平易近人的性格。

TIPS

 Mae Fa Luang，Chiang Rai ★★★★

08 皇太后花园
泰国最美丽的一座花园 赏

皇太后花园就在皇太后行宫的不远处。行宫建成后不久，久居瑞士并热爱那里的青山绿水的皇太后就建议让当地居民积极造林绿化，在她的倡议下这里成为泰国最美丽的一座花园。花园里种植着种类繁多的花卉林木，一年四季都有花儿开放，争奇斗艳。无论走到哪里，各色的花朵总是伴随左右。甚至这里还有在泰国很少见到的桃花，每年春天大片的桃花盛开，粉红色的花儿非常显眼。在花园的中央，是一座小孩子的雕塑，据说当年皇太后非常喜爱小孩。这座雕塑就好像花园里的主角一样，和人们一起在五彩缤纷的花朵中玩耍。正是皇太后的一条建议，使得这里由荒废的山野变成了鲜花王国。人在花中，花在人中，让人流连忘返，沉醉其中。

TIPS

 Mae Fa Luang, Chiang Rai 57240 053-767-015 ★★★★

09 苗族村
苗族山地居民聚居的村落 逛

清迈的培山苗族村地处素贴山的山后，是当地苗族山地居民聚居的一个村落。这里的泰国苗人依然保留着本民族的传统生活习惯和服饰，走进苗族村能很好地感受当地山地居民的民风、民俗。苗族村有一座很大的植物园，种植着很多我们平时不常见到的植物，比如鲜艳漂亮的罂粟花。此外，苗族村里还有用苗族传统建筑改建而成的少数民族博物馆，博物馆有介绍瑶、苗、俚苏、喀伦、拉胡、阿卡等泰北六族的资料，并展示他们所用过的服饰、生活用具、生产工具等等。走在苗族村里，和身穿传统黑色苗族服饰的当地居民擦身而过，有的甚至还能用汉语打招呼，容易使人产生一种身处国内的错觉。在村子里还能买到具有当地特色的小纪念品等，对于想体验少数民族风情的游人来说这里是不错的选择。

TIPS

Doi Pui, Mueang Chiang Mai, Chiang Mai 50300　乘Doi Suthep-Doi Pui双条车即达　★★★★

10 兰花园
泰北地区种植兰花的中心 赏

兰花是泰国人迎宾和装饰最常用的花，也是泰国人最喜爱的花卉之一。清迈兰花园是泰北地区种植兰花的中心。兰花园占地面积并不大，园门的装饰也很简单，但是走进去就别有洞天了。园里的设计相当合理，处处都是兰花，芬芳扑鼻。兰花园种植着数百种兰花，颜色各异，造型也各不相同。漫步在不大的花园里，头顶的阳光透过吊兰照射下来，在地上留下了点点碎片。身边各种兰花争奇斗艳，让人不由心生赞叹。每个游人都能在这里得到一个用兰花制成的特别的胸针，戴在胸前很是漂亮。这里除了出售用兰花制成的各种首饰外，还出售专门种植在真空水瓶中的瓶装兰花，便于游人携带。此外，兰花园里还有一个可以容纳300人的自助餐厅，在香气四溢的兰花丛中进餐休息，简直是世间少有的享受。

TIPS

60-61 Mu 6 Marerim, Chiang Mai 57240　053-298-771　★★★★

11 清迈动物园
泰国最大的动物园

清迈动物园号称是泰国最大的动物园,动物园依山而建,规模很大,有来自世界各地的数千种动物,甚至为了引进北极熊和企鹅还花费重金装配了大功率的空调系统。因为靠近山林,很多动物都是放养在各个区域中,人们可以自由地和野生动物零距离接触。来自澳大利亚的考拉和来自中国的大熊猫是最受游人们喜爱的动物,特别是大熊猫"林慧"和"创创",它们可以说是动物园的大明星,尤其是它们刚通过自然交配产下幼崽的时候,当地的熊猫热潮持续数周不退,大批游客涌进熊猫馆要一睹新生小熊猫的风采。除了观赏大量的动物之外,动物园还出售很多和动物有关的小商品,特别是一些动物形象的泥塑,造型非常可爱,在游客中人气很高。

TIPS

Chang Phuak, Mueang Chiang Mai, Chiang Mai ,50300　053-210-374　★★★★

12 清迈夜间动物园
世界上第二座夜间动物园

清迈夜间动物园位于素贴山下,是世界上第二座夜间动物园。这里没有使用铁笼作为分隔动物的设施,而是通过水路、岩石、树木等天然屏障,将整个动物园划分成兰那村、喜马拉雅山野生动物雕塑群、美洲豹足迹、思湾湖、非洲大平原动物区、食肉动物区等几部分,每个部分都饲养着很多珍禽异兽,共有1400余只。这座公园最大的特点是利用肉食动物喜好晚间出来活动的特性,开辟了夜间游览项目,游客们可以搭乘容纳24人的小车,趁着夜色穿梭于各种猛兽之间,可以对狮子、老虎、熊、野狼等动物做近距离观察,是一次精彩而又刺激的旅程。整个动物园环境优美,青山碧水,也是一处自然景观的胜地。同时,动物园也在环保方面作出了贡献,他们成功地用动物粪便制造出纸张,还因此获了奖。

TIPS

Nong Khwai, Hang Dong, Chiang Mai 50230　053-999-000　★★★★

13 湄沙大象训练学校
清迈地区最大的大象训练学校

大象在泰国的历史和文化上都占有很重要的地位,湄沙大象训练学校则是清迈地区最大的大象训练学校,一共饲养了100多头大象。这里每天都有大象的表演,从跳舞、踢足球到用脚为人按摩等等。其中最有趣的就是大象画画,学校里饲养着8头会画画的大象,它们能在音乐的伴奏下,用画笔画出栩栩如生的画作,从树木到花卉甚至它们同伴,都可以画出来,令人惊叹不已。它们有时候也会联手作画,曾经画出的一幅大长卷,还入选了吉尼斯世界纪录。除了欣赏大象表演外,游客们还能在专业人士的陪同下,骑着大象进入丛林冒险,无论是翻山越岭还是涉水跨河它们都如履平地,可以说是从未有过的新奇体验。因此这里吸引了大批游客前来与大象合影、玩耍。

TIPS
📍 119/9 Tapae Road, Muang District, Chiang Mai 50100
📞 053-206-247 ★★★★

14 茵他侬山国家公园 玩
泰国海拔最高的国家公园

茵他侬山国家公园位于泰国最高峰茵他侬山上。茵他侬山海拔2595米,山上遍布奇峰怪石、云海瀑布,站在山上好像身处仙境一般。公园内风景秀丽,树木茂密,鲜花遍地,气候宜人,还不时有野生的大象出没,是泰国最负盛名的公园。茵他侬山的动物资源相当丰富,光野生鸟类就有400多种,是鸟类爱好者们的天堂。山上遍地蕨类植物和高大的丛林,其间夹杂着千年兰花等珍稀花种。湄江瀑布是山上最大的瀑布,在险峻的峡谷之间,一道水带从天而降,气势宏大,十分壮观。山上还有新建的两座帝后塔,为泰王和王后赏花之用。塔的周围有漂亮的鲜花、草坪和水池,相当别致。山顶还有一处纪念牌楼,作为泰国最高的纪念牌楼,是观景和留念的大好去处。

TIPS
📍 Doi Inthanon National Park, Chomthong, Chiang Mai 50160 📞 053-268-577 ★★★★

15 Khum Khantoke
清迈最著名的康托克餐厅

Khum Khantoke是提供泰国北部著名的康托克餐的餐厅之一，康托克餐是泰北人在婚丧嫁娶的时候必备的餐宴，也被称作"帝王餐"。这座餐厅是清迈最著名的康托克餐厅，整座建筑采用古老的兰纳泰式风格，屋脊上有着非常精美的木雕装饰，显得古色古香。餐厅可以容纳数百人同时用餐，依靠坐垫和三棱形的靠垫将餐席分开。用餐前会有身着民族服装的侍者对用餐者进行欢迎并献上一串由茉莉花制成的项链。这里最大的特色就是用餐过程中的舞蹈表演，有专门接待尊贵客人的指甲舞，有难度极大的蜡烛舞以及在泰国家喻户晓的拉翁舞等等，舞者还会邀请客人们上台和他们一起表演。在餐厅附近有放孔明灯招揽顾客的小贩，星星点点的孔明灯飘在天空中，让人分不清哪个是星哪个是灯。在这里用餐，想必会给人以很好的心情吧。

TIPS
📍 139 Moo 4, Nong Pakrung, A Muang, Chiang Mai, 500000 ☎ 053-204-121 ★★★★

16 The Gallary Art&Restaurant
泰国最好的古宅

TIPS
📍 25-29 Th Charoenrat, E of Mae Nam Ping River, Chiang Mai ☎ 053-248-601 ★★★★

The Gallary Art&Restaurant是一家颇具中国风格的传统建筑，曾被誉为"泰国最好的古宅"，至今已经有100多年历史了。传说一位中国小伙在这里邂逅了一位泰国姑娘，两人一见钟情结为夫妇，于是就开了这家商店。店门上方"永源"两个字凸显了它的中国风味，墙上随处可见中国传统的人物和风景的浮雕。店面分为两个部分，前半部分是出售艺术品和古董品的商店，也出售很多棉织工艺品，很具中国传统风情；后半部分则是庭院餐厅，餐厅的墙上挂着美国国务卿希拉里的照片，她曾经来过这里用餐。餐厅紧邻湄滨河，四周都是绿色的丛林，人们可以边用餐边欣赏周围的风光。餐厅的泰式食物也非常美味，虽然这里现在只有周五、周六两个晚上开放，但还是吸引了无数游客。

17 Central Airport Plaza
泰北地区最大、最高级的购物中心

TIPS

📍 Pa Daet, Mueang Chiang Mai, Chiang Mai 50100
📞 053-281-660   ★★★

Central Airport Plaza位于清迈机场附近，是整个泰北地区最大、最高级的购物中心。因为地理位置得天独厚，客流量非常大。四层的购物广场里衣食住行、泰式按摩、儿童游乐园等应有尽有，既有出售时装、杂货、工艺品、食品等的多家商铺，也有覆盖世界各地风味的餐厅和咖啡厅等，可以说是集购物、休闲于一体的现代化商业中心。这里的商品价格便宜，经常会有一些品牌商品打折促销，吸引了很多追求时尚的年轻人。在Central Airport Plaza的地下有一个泰国美食广场，汇集了泰北地区的各色小吃和甜点，以及来自世界各地的特色食物，是品尝美食的好地方，非常吸引人。商场的顶楼还有一家电影院，人们可以在购物之余来这里看看电影消遣一下，也是放松、娱乐的好地方。

18 假日市集
商品琳琅满目的假日市场

位于清迈市中心的假日市集的建立源自于十多年前的金融风暴，当时为了缓解经济压力，政府鼓励人们将自家不用的物品拿出来摆摊出售或者和别人交换。久而久之，随着经济压力的缓解，这里也就变成了一个创意市集。这个集市在每周的周六、周日开放，届时会有很多人拿出自己创作的艺术工艺品来这里出售，摊位上的小商品琳琅满目，而且很多都有不错的创意，常常带给人们惊喜。所以来这里淘宝的人很多，大都能淘到自己喜欢的东西。除了商品外，这里和其他集市一样，也有路边小吃摊和街头表演等。每到周末的晚上，这里就会非常热闹，小贩的叫卖声和路边表演者的音乐交杂在一起，十分喧闹。

TIPS

📍 Ratchadamnoen Road, Chiang Mai   ★★★

19 银器工厂
具有独特民族风情的银饰

买

泰国银器应用广泛，游客在泰国旅行途中，随处可以看到用银器装饰的佛像、服饰和餐具等。在位于清迈的P.Collection银器工厂内，不仅可以买到具有独特民族风情和现代时尚感的各种银器，还可以在一旁参观银器从设计、熔铸、雕刻直到抛光的全部过程。泰北银器的最大特色就是为了防止银器氧化而变黑，在制作工程中加入了不同的合金，虽然影响了银器的纯度，但却更加光亮，并且保存很久都不会变色，因此吸引众多游人将其作为馈赠亲朋的首选礼品。

TIPS

📍 Nong Pa Khrang, Mueang Chiang Mai, Chiang Mai50000　☎053-245-312　🚌乘Chiang Mai-Bor Sang-San Kamphaeng的巴士即达　⭐★★★

---

20 博桑雨伞制作中心
因制作清迈伞而驰名

赏

清迈纸伞是泰国最有名的手工艺品，以其精美的造型而深受游客的青睐。博桑雨伞制作中心位于清迈以东的汕甘烹县内的博桑村，这里以制作清迈伞而驰名。博桑制伞的历史已经有200多年了，村民们拥有自己独特的制伞风格和技术，伞多是由棉布或纸制作而成，伞面手绘有精美的动物或者花卉草木，最后在伞面上打蜡，所以不论什么天气伞都不会受损。在村里，沿路都是制作伞的作坊，这也成了村里的支柱产业。人们在这里也能参观博桑雨伞的制作过程。这里每年都会举办博桑伞节，每家都会拿出自己最得意的作品作展销，各色纸伞好像各色花朵一样盛开在路边，让人眼花缭乱，那个时候也是博桑村最热闹的时节，来自世界各地的游客都会到这里来挑选自己中意的纸伞。

TIPS

📍 Charoen Muang Road 9 kilometers out of town Chiang Mai, Chiang Mai 50000　☎053-248-604　⭐★★★

畅游泰国 清迈

21 清迈夜市
泰北地区最著名的夜市 逛

清迈夜市在清迈的经济生活中占有很重要的位置，每天晚上清迈很多地方都会搭起小摊，摆起市场，商贩的叫卖声此起彼伏，这也成了一道亮丽的风景线。清迈最大的夜市位于古城区东侧的长康路，每天晚上7点开始，这里就会逐渐热闹起来。夜市的物品包罗万象，从大家平时使用的各种器具到民族刺绣一应俱全，布袋、泰丝、竹制品、青瓷、银器、家具、漆器、木雕等泰国典型的工艺品，都能在集市上看到，甚至还有服装、金银首饰和各式古董。这里的营业商铺多达数百家，还有数不胜数的临时小摊。除了购物外，夜市里的各种传统风味小吃摊也是游人们消磨时光的大好去处。夜市的中心广场还有免费的泰国少数民族舞蹈和器乐表演，优雅的音乐与周围的叫卖声交织在一起，形成一种奇特的异国风情。

TIPS
📍 105 Thanon Chiang Mai-Lamphun, Chiang Mai
🚗 乘当地TUTU车即达 ★★★★

22 Anantara Resort Golden Triangle
泰国北部最豪华的酒店 住

TIPS
📍 229 Moo 1, Chiang Saen, Chiang Rai 57150 📞 053-784-084 ★★★★

Anantara Resort Golden Triangle位于地处泰国、老挝和缅甸三国交界处的金三角地区，是一座规模很大的山区度假村，也是泰国北部最豪华的酒店。酒店位于山脊之上，在这里可以俯望湄公河以及它流经的缅甸和老挝的群山。周边是一座景色优美的大型热带花园和一片翠绿的竹林，入住这里可以享受宁静的乡村景致。酒店共有77间客房，另有一个健身中心、两间餐厅、一个游泳池以及网球场和壁球场等活动中心。酒店也提供很多活动供游人参加，或在山雾之中观看日出，或搭乘小舟漂流于湄公河上，或骑着大象出没于密林之中，或观看大象的足球比赛和表演。此外，酒店还提供优质的SPA服务，人们可以在游览之余享受这些优质服务来放松身心。可以说这里是度假疗养的最好选择。

23 文华东方度假酒店 住

清迈最舒适豪华的酒店之一

TIPS

📍 51/4 Chiang Mai – Sankampaeng Road Moo 1 T. Tasala A. Muang, Chiang Mai 50000 ☎ 053-888-888

★★★★

　　文华东方度假酒店是一家五星级的豪华度假酒店，是清迈最舒适豪华的酒店之一。这里的一切都充满了泰国风情。酒店的建筑采用了华丽的兰纳风格，高耸的大门、瑰丽的凉亭和尖塔式的大厅都凸显着泰国古老传统的艺术气息。酒店种植了4000余棵树龄数十年的大树，可谓是奢华非凡。酒店占地广阔，有64幢独立的泰国传统风格别墅和80间豪华客房，客房的内装也都是泰国传统风格，还配有游泳池和泰式浴池。酒店的周围甚至还有一望无际的稻田，客人可以在那里和农民一起播种插秧，体验农耕的乐趣。酒店有着一流的疗养设施，可以提供最高级的泰式按摩和SPA服务。此外，酒店的餐厅提供周边地区的风味美食，让人大快朵颐。可以说住在这里如同身处天堂一般，让人乐不思归。

畅游泰国 · 清迈

24 素贴山
遇见神仙的山峰

素贴山是泰国北部著名山峰,位于清迈市近郊南6公里处,海拔为1667米。素贴山上树木葱茏,开满五色玫瑰。山顶上白云缭绕,风光秀丽。步行300级台阶到达山顶的观景台可将清迈市区全景尽收眼底,是清迈的天然瞭望台。在素贴山山麓奇石怪岩之中有著名的汇娇瀑布,瀑布清澈如玉,水花飞溅。汇娇在泰语中有"玉泉"之意。在汇娇瀑布北约2公里的地方,还有化灿缲瀑布悬挂于山石之中。"素贴"在泰语中是"仙友"之意,因此当地华人称此山为"遇仙山"或"会仙山"。

素贴山半山腰处屹立着著名的双龙寺,是在1383年由兰纳王朝古纳国王督造的。寺庙建在高台之上,占地广阔,因庙门上塑有两条气势雄伟的彩色多头神龙而得名。在两个大龙头上各有6个小龙头昂首向天,龙身有数十米长,组成登寺石级两旁的栏杆,造型奇特,精工雕琢。关于素贴山上的舍利塔,也流传着脍炙人口的民间传说。相传在14世纪时,泰北人发现了释迦牟尼佛的舍利子,人们将舍利子放在白象的背上,任由白象寻找供奉舍利子的位置,最后白象走到了素贴山上。恭运佛骨的拍昭居那认为这是佛祖的旨意,立即在此地动工,建造了舍利塔。至今,佛寺的金色佛塔中仍供奉着佛祖的舍利子,并吸引着世界各地的信徒来此朝圣。

TIPS

Su Thep, Mueang Chiang Mai 搭乘TUTU包车前往
★★★★★

25 清迈大学 赏
英拉的母校

TIPS
239 Huay Kaew Road，Muang 053-211-026 搭乘TUTU包车前往 ★★★★

泰国清迈大学（Chiang Mai University）简称CMU，是全市唯一一所国立大学，也是泰国北部首屈一指的高等学府，于1964年1月由普密蓬国王殿下批准创建。校园总面积约14平方公里，学生人数超过3万人，并包含有三个校区，主校区位于泰国清迈市西郊。清迈大学除了为泰北学生提供高等教育的机会，也为外国学生，尤其是邻近中南半岛地区的学生，提供高质素的学习环境。清迈大学以医科和工科最为出名。清迈大学历史悠久，不仅有丰富的教学资源和教学设施，还有泰北最具现代化的图书馆——中央图书馆。馆内藏书70余万余册，泰语期刊700多种，外语期刊350多种，以及大量视听材料。

26 帕辛寺 赏
清迈城内规模最大的佛寺

帕辛寺又名普拉辛寺，建于14世纪，是清迈城内规模最大的佛寺。帕辛寺具有悠久的历史，据说寺院是模仿清迈的普拉新寺院而建的，并且是兰纳式建筑的完美典范。寺院周围苍松翠柏，古木参天。寺院正中有一座高约20米的大金塔，建于16世纪，据说塔内保存有佛祖释迦牟尼的舍利子，塔顶还有泰王所赠的水晶莲花。寺内有东西南北4座佛殿，分别有长廊相连，成四方形。每座殿内供有一尊金身大佛，正殿莱甘堂内供奉有被视为泰北最具灵性的三尊佛像。殿堂四周墙上绘有佛教故事的壁画，是以当地古代服饰和风俗为内容，殿内还有工艺精湛的木雕，是上乘的佛教艺术品，被认为是泰国北部传统艺术的代表作。每年4月泼水节期间，帕辛寺是人们庆祝的主要地点之一。

TIPS
Sri Phum, Mueang Chiang Mai, Chiang Mai 50200 免费
搭乘TUTU包车前往 ★★★★★

27 清曼寺
清迈城内的第一座寺庙

清曼寺又称昌挽寺，建于1300年，是清迈第一座寺庙，也是清迈最古老的寺庙。清迈建城时，曼格莱王在此扎营，监督整个工程的进行，并在此盖了清曼寺。寺中最好的建筑是由15只大象承载的塔。寺中还有两座兰纳式僧院，较大的一座僧院在1920年曾重修过，佛坛前有一尊立佛，造于1465年，是目前为止清迈发现最早的佛像。较小的僧院中有两尊非常珍贵的佛像Phra Sila与Phra Sea Tang Khamani，两尊佛像都具有造雨的神力，每年泼水节庆祝仪式中会被信徒抬起参与到游行队伍当中。寺内的释迦牟尼佛像和水晶佛像非常著名，佛像嵌满宝石，十分珍贵，并且信徒们相信水晶佛像具有呼风唤雨的法力。

TIPS
- Sri Phum, Mueang Chiang Mai, Chiang Mai 50200,
- 053-375-368
- 免费
- 搭乘TUTU包车前往
- ★★★★

28 宁曼路
可爱的店铺和美食 逛

TIPS
📍 Tambon Su Thep, Thesaban Nakhon Chiang Mai 🚌 搭乘TUUT包车前往 ★★★★

尼曼翰明路是清迈的一条文艺小清新街道。网友们戏称这条路为"你妈喊你路",也叫尼曼路或者宁曼路。宁曼路与其说是路,倒不如说是交叉的几条街道,看起来既安静又有趣。这条路上有很多咖啡馆、酒吧、小饭店,以及各种各样的特色小店。每家的招牌明艳、醒目,还有各种卡通玩偶作为店铺形象。其中知名度最高的店是Mango Tango,店里的芒果糯米饭样子非常漂亮,味道似乎不如周日市集上的小摊位好吃。另外,这里每年12月初SOI1会定期举办艺术与设计市集NAP,将艺术、设计、居家精品、流行时尚、手工艺品都融合在这条巷子里。

29 塔佩门
清迈重要的地标 赏

TIPS
📍 Si Phum, Mueang Chiang Mai, Chiang Mai ☎ 080-588-058-6 🚌 搭乘TUTU包车前往 ★★★★

清迈古城建于1296年,城墙是由褐红色砖块砌起的,围起一个两米左右高的正方形。可惜大部分建筑都在岁月的更迭中消失了,现在留下最完整的一座城门是东边城墙的塔佩门。正对塔佩门的路,就被称作塔佩路(Thapae Road)。一般来说,乘火车抵清迈的游客是经塔佩路从塔佩门进入古城的。这座拥有历史风貌的城门,如今已经成为清迈重要的地标性建筑。

30 布帕兰寺

缅甸和兰纳文化完美融合

历史悠久的布帕兰寺位于塔佩门外的闹市中，建造于公元1496年，由King Muang Kaew建造，正值兰纳王朝佛教最兴盛的时候，是座混合缅甸和兰纳两种风格的寺庙。现围绕其辟有公园。寺中最吸引人的还数年代久远的小木造僧院，至今有超过300年的历史，19世纪末曾经修复过。屋宇还保持原样，精致的穹顶和穹顶绘画彰显着人们一代代传承的信仰，风檐上及廊柱上的细致灰泥装饰依旧叫人心动，有点倾斜的前门，让人感叹岁月的变迁。紧邻小木造僧院的是一座较大的僧院，也有200年的历史，走在两座院间的小道上，听着风铃随风摇摆碰撞出的清脆铃声，不由生出思古之情。左边新建造的僧院则是色彩斑斓、金碧辉煌，与老旧的僧院像是两间不同的寺庙，塑着人形金鸟的山形墙特别值得细看。寺庙的后方有一座大佛塔，大佛塔外观为白色，显得圣洁庄重，加之巨大的塔身，更显雄伟。同时这里也是电影《泰囧》的取景地之一，在这里，游人可以在身心净化的同时，欣赏精致景物。

TIPS

- Mae Rim District, Chiang Mai
- 搭乘TUTU包车前往
- ★★★★

31 湄平河
泰国母亲河源头

湄平河(Mae Ping River)是泰国母亲河——湄南河的源头，发源于清迈北部的山区，然后从清迈市区穿城而过，再流经泰北高原，最后到了中部平原，从曼谷汇入大海。夜晚，各色灯火被点亮，湄平河的光彩便也显现出来，缓缓的水流仿佛一直在哼唱平淡而韵味丰富的歌谣，向人们诉说着自己的过去和将来。

TIPS
清迈北部山区　搭乘TUTU包车前往　★★★★

---

32 悟孟寺
清迈适合禅修的森林寺院

悟孟寺位于素贴山脚下，被大片树林和一泓湖水环绕，素有"森林寺院"之称。寺院古朴清幽，佛学氛围浓厚，非常适合冥想禅修。佛塔基座正中有一条穿越平顶大山的砖砌隧道，据说是在公元1380年左右由一位僧人建造，因在泰语中隧道是"U Mong"，寺庙由此得名。寺内树上一片片的箴言向世界传颂着佛学信仰，因其古老神秘的气氛，悟孟寺吸引着不少国外的修行者来这个静谧之地禅修冥想。

TIPS
Mueang Chiang Mai District, Chiang Mai　免费　搭乘TUTU包车前往　★★★★

THAILAND GUIDE

畅游泰国 ④

普吉岛

地处泰国南部安达曼海上的普吉岛是泰国最负盛名的旅游度假胜地之一,在普吉岛上拥有各式各样的海滩,即使夜幕降临后依旧灯火辉煌,可享受丰富多彩的沙滩夜生活。此外,普吉岛上还有各式钟乳石洞,洞内景观千奇百怪,被誉为泰国的珍珠。

打开普吉岛!

1 印象

普吉岛位于泰国南部马来半岛西海岸外的安达曼海上,是泰国南部重要的海岛和城市,距离泰国首都曼谷约862公里。普吉镇是普吉岛上唯一的城市,是普吉岛的港口和商业中心。岛上矿产资源丰富,尤其锡矿最为丰富,而农业和旅游业更是岛上经济的两大支柱产业。普吉岛海滩遍布,且海滩类型丰富,有清静悠闲的,有豪华奢侈的,有主要进行体育运动的海滩,还有夜生活丰富多彩的海滩。因此无论是单身还是结伴旅游,都能在这里的海滩上玩个尽兴。此外岛上还有奇形怪状的钟乳石洞、路径复杂的天然洞窟等自然景观,无怪乎人们将这里称作"泰国的珍珠"。

2 地理

普吉岛位于泰国南部安达曼海上。南北长而东西狭窄,北与本土的攀牙府相邻,而东和对岸的甲米府相接。岛屿面积达570平方公里。境内多山,70%都是山地,最高峰是海拔529米的十二藤峰。普吉岛拥有32个离岛,大小皮皮岛是其中最著名的观光景点。

3 气候

普吉岛深受海洋季风影响,上半年干燥炎热,下半

年湿润多雨。年总降雨量达到2500多毫米。

4 普吉岛节日

海鲜节
时间：5月

海鲜是普吉岛的主要物产之一，每年的5月正是海鲜大规模上市的时期。这个节日旨在将普吉岛美味的海鲜宣传出去，并在泰国的雨季吸引游客。节日的活动包括海洋旅游资源展览、各种海鲜大排档、地区美食展和文化展等。

超雷船节
时间：7月与12月

这是普吉岛当地超雷族的传统节日，每到这两个时间，超雷族人就会在晚上将木制的小船放入水中，任其随波流走，小船中通常会放一段自己的头发或是一片指甲，用意是驱赶厄运，祈求好运。小船放出之前，人们会绕着自己的船跳一段传统舞蹈。

素食节
时间：10月

这个节日是普吉岛最重要的节日之一，至今已经有180多年的历史了。传说当时的锡矿工人中流行着一种怪病，但是在他们连吃数天素食之后却不药而愈了，于是当地人认为这是神明保佑，每年到了这个时候都会吃素以示虔诚。节日开始的前一天下午，在当地的寺庙中会竖起一根高高的杆子。等到了半夜，杆上出现9个灯笼后就宣告素食节开始。在节日期间，人们要穿白色的衣服，不能吃荤，更不能饮酒，并参加许多庆祝活动，燃放烟花，相当隆重。

芭东海滩狂欢节
时间：11月

每年的11月是普吉岛的芭东海滩狂欢节，整个普吉岛就会变成现代艺术的天堂，届时会有泰国最著名的爵士乐队表演、调酒技艺表演、魔术表演等，还会有许多丰富多彩且有趣的活动，例如水上运动竞赛、选美大赛等。人们还可以接触到普吉岛当地的很多精美艺术品。

❺ 普吉岛交通

出租车
在普吉岛内乘坐当地的摩托计程车是比较经济的一种选择，这种车速度快，价钱低廉，很适合独自出来旅游的游客。摩托计程车不计里程，一律都是10泰铢。

巴士
普吉岛内交通相当便利，到处都有巴士站点，人们可以搭乘当地巴士前往各个海滩观光游览。

汽车租赁
在普吉岛以及各个海滩的路上都有露天营业的租车店。摩托车的费用是150泰铢/天，吉普车是800泰铢/天，汽车则是1500泰铢/天。适合那些自己会开车的游客，让旅行变得更自在。

❻ 普吉岛美食

普吉岛位于盛产鱼虾的安达曼海中，海鲜资源十分丰富，所以以各种海鲜制成的饭菜自然是当地最受欢迎的美食。在普吉岛，对海鲜无论进行泰式、中式还是西式的加工，总能保持其原汁原味的鲜美。包括芭东海滩在内的诸多景点都设有出售海鲜的饭店，人们可以随

时吃到最新鲜的美味海鲜。这里的热带水果也是一大名产，普吉岛上的水果品种繁多，光香蕉就有20多种。经过加工的水果与甜点搭配食用，非常清凉爽口。除了海鲜和水果之外，还有泰国最著名的泰式料理，包括冬阴功汤等在内的传统美食以及烤椰塔等泰国著名的小吃当然也不会少。

❼ 普吉岛购物

普吉镇作为普吉岛上最大的城市，自然成了外来游客购物的中心。在镇中心的耀华路等主要街道上，有很多世界知名的大零售商开的卖场，在这些商场里能买到衣食住行各方面的东西，还包括当地的土特产等，而且价钱便宜，非常适合游客。此外还有很多集购物、餐饮、娱乐于一体的大型商场，可以买到很多知名品牌的服装，还能在商场里看看电影、歌舞表演等，是人们休闲放松的大好去处。

❽ 普吉岛住宿

普吉岛作为世界知名的度假海岛，旅游业已经相当成熟。这里的住宿设施完善，种类齐全，从海滩到城镇，从经济型旅馆到五星级酒店，可以满足不同游客的

需求。而面朝大海的海边住宿则是最受人们欢迎的一种方式。其中芭东海滩因为人气旺盛，也是各个海滩中价钱相对便宜的一处。这里的海滩酒店要2000泰铢/晚，而更高级的五星级酒店则是4000～6000泰铢/晚，离海滩较远的经济型酒店则是300泰铢/晚。

❾ 普吉岛娱乐

普吉岛海滩众多，其中芭东海滩是最大、最热闹的一处，这里设施完善，风光秀丽，大海的魅力完全展示在人们眼前。人们可以在这里遍览大海美景，或在沙滩上纵情游玩。除了这些知名海滩和海岸风光外，各种完备的娱乐设施也是普吉岛的魅力之一。尤其是幻多奇乐园，这是普吉岛最大的主题乐园。普吉岛类似于拉斯维加斯，夜生活极为丰富。每晚都会有精彩的表演，以讲故事的方式向游客展示泰国传统文化，充分展示了泰国民风民俗和历史文化。此外，普吉岛还有很多佛寺、山洞等自然人文景观供人参观。

01 普吉岛
泰国最大的一座岛屿 玩

普吉岛的名字源自马来西亚语中的Pukit，意为"山丘"，是泰国最大的岛屿，周围环绕着几十座大小不一的离岛，与泰国本土之间靠一座名为萨拉辛的桥梁连接，最近20多年逐渐成为全世界游客所热衷的度假胜地。普吉岛拥有宽阔美丽的海滩、洁白无瑕的沙粒、碧绿翡翠的海水，被誉为印度洋安达曼海上的一颗明珠。普吉岛一年到头充满各种欢声笑语，不论来自哪个国家的游客，都可以在这里寻找到不同的狂欢理由，尽情享受丰富多彩的假日生活。

TIPS
🏠 从曼谷乘坐长途巴士或飞机即达　★★★★

02 普吉镇
风格质朴的古镇

位于普吉岛东南部的普吉镇是普吉府的省会。19世纪泰王拉玛三世在位时期，普吉岛开采锡矿，大批华人和马来西亚劳工涌入，小镇逐渐繁荣起来。现今镇上依旧保存有许多当年兴建的华人建筑，其样式、布局就是将土地公神牌挂在大门外，门上匾额刻有姓氏名号，一进大堂可见祖宗牌位，屏风后是中庭，再往后是主人房和客房等，这一切无不保留着独特的中式风格。此外，普吉镇还有一些葡萄牙风格的老建筑保存完好，如曾经的葡萄牙商务办事处，风格与周边的华人建筑形成鲜明对比。

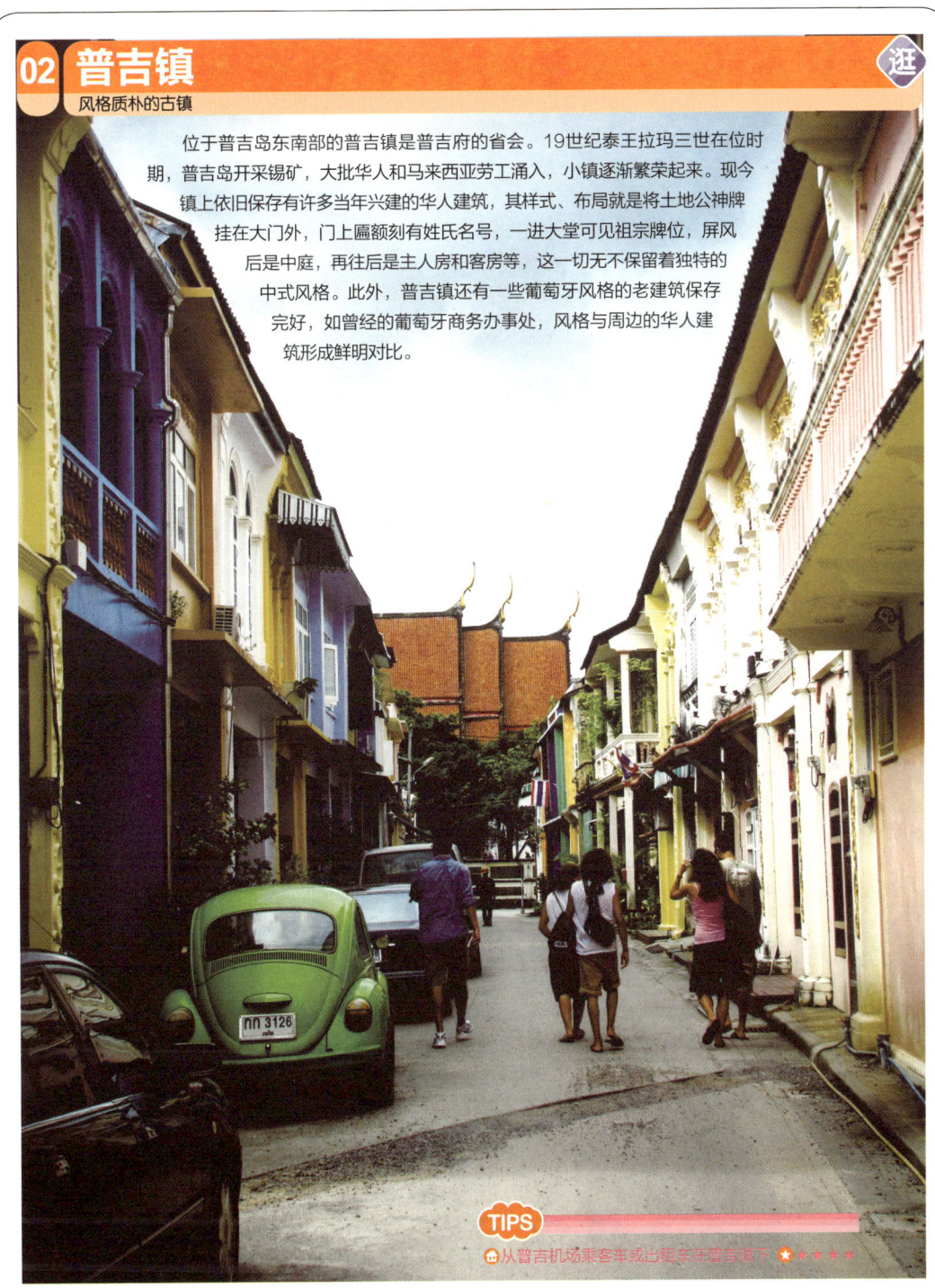

TIPS
从普吉机场乘客车或出租车在普吉镇下

03 皇帝岛
世外桃源般的度假胜地

TIPS
🚤 从查龙港乘快艇即达 ★★★★

在普吉岛众多度假岛屿之中,皇帝岛一经推出就以其精致而绝美的景色、纯净无污染的海水与沙滩、相对独立的地理位置以及奢华的配套服务吸引了众多游客光顾,尤其受到欧美游客的青睐。作为自然环境保存最好的岛屿之一,皇帝岛上游客较少,与附近喧闹的普吉岛相比,俨然世外桃源,是享受宁静假期的绝佳选择。

04 查龙寺
普吉岛最大的寺庙

供奉Luang Pro Chaem、Luangpor Chuang和Luang Por Gluam三位德高望重的高僧的查龙寺是普吉岛规模最大的寺庙，其中Luang Pro Chaem在1876年普吉岛的叛乱中救治了岛上的众多百姓，因而颇受普吉岛居民的敬重。查龙寺在普吉岛的佛寺中拥有崇高的地位，并以其华丽的外观吸引了众多游客慕名而来。

TIPS

Luang Pho Chaem, Chalong, Mueang Phuket, Phuket, 83130 乘当地TUTU车即达 ★★★★

05 珊瑚岛
交通方便的优美离岛

TIPS
从查龙港乘快艇即达 ★★★★

珊瑚岛岛如其名,以其丰富的珊瑚群生态而闻名,由于游人从普吉岛乘坐摩托快艇前往珊瑚岛只需15分钟,因而成为普吉岛众多离岛中最受欢迎的一座。除了碧海蓝天的自然风光外,珊瑚岛还有香蕉船和拖曳伞等水上活动,而潜入清澈的海水中,欣赏瑰丽多姿的珊瑚群更是令人印象深刻,难以忘怀。

06 西瑞岛
景色宜人的岛屿

TIPS
从查龙港乘快艇即达 ★★★★

位于普吉镇以东的西瑞岛面积较大,浅沙洲和红树林沼泽将其与普吉岛分隔开,岛上有一座巨大的倾斜佛塔,站在塔上能俯瞰整座岛屿,犹如置身一片失落的土地,四周充满静谧的氛围。此外,西瑞岛上还有普吉水族馆,可欣赏到种类繁多的美丽的海洋生物。

07 幻多奇乐园

泰国的"迪斯尼乐园"

1998年正式营业的幻多奇乐园是普吉岛上最受游客欢迎的景点之一,乐园内有主题商业街、小吃摊、宫廷式餐厅及豪华的现代化大剧院。在这里不但能买到具有泰国特色的手工艺品,还能品尝到当地的特色佳肴及世界各国的风味美食。每晚,乐园内的幻多奇剧场都会有歌舞、魔术、杂技以及大象表演,同时还配有英语和泰语讲解,向游客展示泰国的传统文化,尤其是表演最后,十几头大象一起走上舞台,气势十分壮观。

199 M3 Kamala Beach Kathu, Phuket, 83150　076-271-222　乘当地出租车即达　★★★★★

畅游泰国 普吉岛

08 卡隆海滩
普吉岛第三大海滩

TIPS
🚌 从芭东海滩乘中巴车即达 ★★★★

　　长4公里的卡隆海滩是普吉岛第三大海滩，同时也是岛上最长的海滩之一。卡隆海滩的沙质洁白细腻，没有一丝污染，除了沿着海滩修建的众多餐厅、酒吧外，在海滩另一侧还聚集了众多泰国画家的画室和画廊，是一处可以充分享受各种休闲活动的海滩，来自世界各地的游客在卡隆海滩或戏水，或看书，或打盹，或晒太阳。也可在沙滩漫步，欣赏黄昏落日的壮美景色，颇为惬意。

09 卡塔海滩
悠闲宁静的海滩

TIPS
🚌 从芭东海滩乘中巴车即达 ★★★★

　　卡塔海滩分为大卡塔和小卡塔两处，是一个呈W型分布的海滩，虽然整体规模不如芭东海滩和卡隆海滩，但这里却以其宁静的海滩风光吸引了众多好静的游客，在卡塔海滩也可以潜入海中欣赏瑰丽多姿、色彩缤纷的珊瑚礁。黄昏时游人可以前往卡塔海滩的山顶欣赏落日美景，据说那里是普吉岛欣赏落日的3个最佳地点之一。夜幕降临后，卡塔海滩南端的酒吧街就会亮起各色灯光，但相比普吉岛众多喧嚣热闹的海滩酒吧，这里的酒吧则颇为安静，背景音乐和杯中饮料也都是清淡宜人，充满休闲气息，使人仿佛置身于午后的咖啡馆中。

畅游泰国 · 普吉岛

10 拉崴海滩
非常安静的海滩

TIPS
从珊瑚岛、皇帝岛等乘快艇即达 ★★★★

位于普吉岛东南端的拉崴海滩由于海水比较浅，珊瑚岩较多，因而没有什么游人，显得非常安静。海滩周围的岸上生长着许多枝叶茂密的参天古树，当地的泰国人经常会在中午或傍晚与三五好友一同来到拉崴海滩，叫上一些附近海边摊贩卖的碳烤海鲜和青木瓜沙拉，然后坐在沙滩草席上一边聊天一边野餐，颇为惬意。

11 卡马拉海滩 玩
保持原始渔村旧貌的海滩

卡马拉海滩曾经是一个安静的小渔村,现今依旧是普吉岛上唯一一个保持原始渔村旧貌的海滩。虽然普吉岛已经是国际知名的度假胜地,但卡马拉海滩上的渔民依旧在撒网捕鱼,过着旧日的平静生活。卡马拉海滩也以其原生态的朴实环境吸引了众多游客光顾。

TIPS
🚌 乘当地TUTU车或快艇即达 ★★★★

12 芭东海滩
普吉岛开发最完善的海滩　　　　　　　　玩

长约4公里的芭东海滩是普吉岛开发最完善的海滩，在芭东海滩除了各种潜水和水上娱乐项目外，游客也可以选择喧闹的啤酒吧、风格高雅的鸡尾酒吧，或者诸如RockCity的美式餐吧、以"人妖"表演出名的Simon Cabaret或非常有特色的泰拳馆，点一杯简单的饮料，在异国的夜晚和陌生的朋友聊聊天，看看外国人的夜生活，再吹一吹海风，领略一下纯正的泰国度假风情。

TIPS
🚌 从普吉镇乘中巴在芭东海滩下　★★★★★

13 攀牙湾
普吉岛风景最美丽的地方

位于普吉岛东北部的攀牙湾遍布数以百计形态奇特的石灰岩小岛，还有巧夺天工的钟乳石岩穴和数不清的怪石、海洞等，以天然景观闻名于世，被誉为全岛风景最美丽的地方，有泰国的"小桂林"之称。除了千姿百态的地质奇观外，海湾遍布珍贵的胎生植物红树林，红树林与小渔村之间有河道，游人可以选择乘坐小船观赏沿途的红树林和小渔村，颇为舒适悠闲。

TIPS

从普吉镇乘班车至攀牙府，换乘长尾船或快艇即达 ★★★★★

14 芭东夜市
普吉岛的魅力夜生活

芭东海滩的芭东夜市每晚都是灯火通明，人头攒动，这里有百货商场、咖啡店、餐厅、饰品店和热力四射的酒吧，是普吉岛夜晚最热闹的地方，吸引着来自世界各地的游人体验普吉岛最具魅力的夜生活。

TIPS

Patak Road, Karon Beach, Phuket,83100　从普吉镇乘中巴在芭东海滩下 ★★★★

畅游泰国 普吉岛

15 芭东佛寺
普吉岛最古老的佛寺

赏

芭东海滩上的芭东佛寺是普吉岛历史最悠久的一座佛寺，寺内供奉着一尊半藏于地下、风格奇异的佛像。相传旧时缅甸入侵普吉岛时曾经想偷走这尊佛像，恰好有一群黄蜂聚集在佛像周围，使缅甸人放弃挖掘，因而得以保存至今。此外，这尊风格奇异的佛像据说还十分灵验，因而吸引了众多游客和当地人一同参拜。

TIPS
- 从普吉镇乘车在塔兰下 ★★★★★

16 斯里纳斯国家海洋公园
自然生态保护完好的公园

玩

涵盖了奈阳、奈通、麦卡奥三个海滩和奈阳国家公园的斯里纳斯国家海洋公园毗邻普吉岛国际机场。每年11月到次年2月都会有大队海龟来公园内的奈阳海滩产卵，这些海龟共有4种，全部都是濒临灭绝的珍稀品种。此外，公园北端还有一片红树林，漫步其中，可以看到很多普吉岛当地特有的动植物，也得以观察到咸水沼泽的特殊生态环境。走出红树林即来到公园高处，可以一览整个斯里纳斯国家海洋公园的美丽风光。游客也可以选择在公园内游泳或潜水。

TIPS
- Sa Khu, Thalang, Phuket,83110　076-328-226　20泰铢　乘当地TUTU车即达 ★★★★

17 栲帕吊国家公园

普吉岛最后一片完整的原始热带雨林

栲帕吊国家公园保存有普吉岛最后一片完整的原始热带雨林，游人在这里可以见到众多难得一见的热带动植物，领略热带雨林的独特魅力，甚至可以在原始森林中体验露营生活。最独特的植物是一种名为"PalmLangKhao"的棕榈树，它的叶子背面是白色的，这种奇特的棕榈树至今为止在世界其他地方都未曾发现。在公园中的普吉岛长臂猿饲养中心还可以观赏到长臂猿，游客们还可以出资1800泰铢认养一只长臂猿一年。园中的通赛瀑布也相当有名，不可不看。

TIPS

- Thep Krasattri, Thalang, Phuket, 83110
- 200泰铢
- 从普吉镇乘车到塔兰下
- ★★★★

18 Indigo Peral

全球五十大梦寐以求的度假村之一

由世界知名的建筑设计师团队Bensley Design设计的Indigo Peral大量采用金属质感的材料，搭配具有浓郁泰国古典风格的家具，营造出兼具泰国传统的后现代美感，被新加坡《ELLE》杂志评为最时尚酒店，并被《Honeymoon and Travel》评选为全世界五十大梦寐以求的度假村之一。游人在Indigo Peral不仅可以享受近乎完美的住宿环境，还可以在度假村面向安达曼海的海滩上品尝包括日本料理和泰式海鲜小吃在内的各种美食，尽情享受完美的假日生活。

TIPS

- Nay Yang Beach and National Park, Phuket, 83110
- 076-327-006 ★★★

19 普吉山
普吉岛上最佳观景高点 赏

普吉山位于普吉镇中心西北部，是泰国主要锡矿带所在，也是眺望普吉城和大海的好地方。由于普吉岛多数地方海拔比较低，所以普吉山虽然海拔不高，但是可以望到很远的地方，是个很好的观景点。日落西山，城镇一片的车水马龙纷纷点亮，放眼望去，俨然是一颗璀璨的宝石，非常耀眼美丽。普吉山西坡较为陡峭，而东坡地势平缓，沿着山的幅度有公路，弯道不多，沿途可以欣赏海景。住客以本地人居多，较少有游客会来，但作为本地人喜爱之地，定是精华之地。山顶有餐厅和观景台供人用餐游玩，黄昏时分，夕阳西下之时，登上山顶，看夕阳给大地景致镀上一层橘黄的光辉，这尽收眼底的日落盛宴，让游人无不感到欣喜。

TIPS
 Phuket Town, Phuket ★★★★

---

20 神仙半岛 赏
普吉岛最南端

神仙半岛位于普吉岛最南端，离普吉镇20多分钟车程。半岛上岩壁嶙峋、棕榈交错，风景清丽，不负这个美丽的名字。神仙半岛是普吉岛上欣赏日落的最佳地点，只要天公作美，傍晚时分一路向南，游人就能欣赏到非常漂亮的日落，余晖洒落在两侧的奈汉海滩和拉藏海滩上，显得万分迷人，令人流连忘返。

TIPS
 从普吉镇搭车前往 ★★★★★

21 皮皮岛
普吉岛最值得游览的离岛 玩

皮皮岛,即PP岛,是由两个主要岛屿组成的姐妹岛。皮皮岛位于泰国普吉岛东南约20公里处的安达曼海,目前已成为近年来炙手可热的度假胜地之一,现已被定为泰国国家公园。皮皮岛上有充足的阳光、洁白的沙滩、宁静的海水,此外还有天然的岩石洞穴。未受污染的自然风貌,使其脱颖而出成为普吉岛周边三十多座离岛当中非常独特的一座。皮皮岛由大皮皮岛和小皮皮岛组成,一条"走廊"将两座岛屿连接起来,这条走廊是皮皮岛最热闹的地方,很多旅店、餐厅、酒吧、潜水学校、旅行代理和小摊贩等密集地分布在走廊左右。走廊两边是两个非常漂亮的海湾——罗达拉木湾(Ao Lo Dalum)和通赛湾(Ton Sai Bay)。岛上细沙如银,在上面散步非常舒服惬意,游人还可以在此寻找由莱昂纳多主演的电影《海滩》的取景地,置身电影的真实场景之中,尽情享受这旖旎的风光。

TIPS
- 普吉岛东南海上
- 从普吉码头搭乘游轮直接到皮皮码头
- ★★★★★

22 普吉西蒙人妖秀　娱
独具特色的泰国本地表演

TIPS
- 8 Sirirach Rd. Patong Beach, Phuket 83150　076-342-011
- 800泰铢(VIP)；700泰铢（普通座位）　从芭东海滩可直接搭乘TUTU车前往　★★★★

　　西蒙人妖秀场位于芭东海滩最南边，每晚都会有表演秀，普吉镇当地的许多旅社也会提供代理服务，有时还能拿到不定期的20%票价折扣。在这里你可以欣赏到泰国经典的人妖表演，人妖的服装非常华丽，表演也很幽默，经常会模仿一些搞笑动作，各年龄段的游人都可以在这里开怀。

23 江西冷　买
出售品牌商品的购物场所

TIPS
- 175,177,181,193,195,197,201 Rat-u-thit 200 Pee Road,Tabol Patong, Amphur Kratu, Phuket 83150
- 076-600-111　★★★

　　江西冷（Jungceylon）是芭东海滩的购物新地标，出售泰国当地品牌及国际名牌商品，品种多且价格普遍比较便宜，深受大众喜爱。商场底层的That's Siam商场，装修充满浓郁的泰国传统色彩，出售各种泰国工艺品，总体比市面上的同类产品品质要好，是游客购物的好去处。

24 好先生的海鲜
最符合中国人口味的当地餐厅

TIPS

📍 Rat-U-Thit 200 Pee Road | Kathu, Patong, Phuket 83150
☎ 816-915-758 ★★★

　　餐厅位于与海岸线平行的芭东海滩，凭借自己的口碑在这个最为热闹的海滩吸引了不少客人。据说餐厅是广东人开的，店面环境和就餐环境都很好，在海滩上吹着空调不失为一种独特的享受，所有的海鲜都会放在门口，完全明码标价，非常让人放心。最重要的一点在于，这家店的老板和服务员都懂中文，因此店内中国人非常多。其招牌菜有新鲜生蚝等，口感鲜甜，回味无穷，平民化的价格和优质的环境使得这里名声大噪，深受游人欢迎。

25 周末市场
普吉岛上最大的夜市

　　周末市场是普吉岛上规模最大、摊位最多的夜市。

TIPS

📍 M4 Wirathongyok Road, Phuket ★★★

市场内有400多个出售食品、服饰、工艺品的小摊位，商品种类繁多，游人能在这里一边吃着特色小吃一边逛街，找到喜爱的二手商品和手工精品。由于前来光顾的一般都是当地人，因此商品价格也都比较便宜。

畅游泰国　普吉岛

26 斯米兰群岛
普吉岛最值得居住的离岛之一

斯米兰群岛位于普吉岛西北90公里的安达曼海，是一片由9个岛屿所组合而成的区域，是一个受保护的泰国国家海洋公园，于1982年9月1日正式宣布成立。这里应该是泰国最好的潜水区域了，我们这里所说的斯米兰潜水，除了这9个岛以外，还包括斯米兰群岛以北的 Koh Tachai 和 Koh Bon 两个岛，1998年后，这两个岛也划为保护区，泰国政府努力维护着这些保护区，以保持它们天然的环境。斯米兰国家海洋公园面积有140平方公里，游人可以在这里捕获乌贼和螃蟹作为食物，享受质朴的生活。

TIPS
🏠 4/19 Moo 7 Phetkasem Road, Khao Lak, Phang-nga 82190 ★★★★

27 长岛

普吉岛周边较晚开发的岛屿，宁静安逸

长岛，又称阁尧岛，位于攀牙湾南部，距泰国攀牙府的陆地42公里，是普吉外岛之一。长岛有很多旅游景点，这里的美丽海滩仍保持其自然之美的特色。岛上的人仍靠大海谋生，过着简单的生活。除了这些，离长岛海岸并不远处有许多异国情调的岛屿，这也为长岛增添了别样的美感。虽附近普吉岛蓬勃发展，但长岛仍保留着其传统的穆斯林文化，几乎没有什么变化。这里有一些平房，设施简单但风景怡人。这里很少有供出租的车辆，有时游人可以与所住的旅馆家达成交易，使用他们的摩托车。另外，游人还可以包TUTU车环岛观光。在长岛旅行，仿佛置身在倒流的时光中，一切回归原始自然。长岛是攀牙府的一个区，总面积141.067平方公里，由44个岛屿组成。在这些岛屿中，最重要的两个是Koh Yao Noi岛和Koh Yao Yai岛，Koh Yao Yai岛面积是Koh Yao Noi岛大小的两倍。Koh Yao Noi岛是行政中心，所有政府部门都设在这里。作为天堂般的存在，长岛人流量不大，尤其适合希望远离喧嚣的游人，在这里，身心能获得最质朴的宁静。

TIPS

 Koh Yao, Phuket　从普吉、攀牙和甲米乘船可达

 ★★★★★

THAILAND GUIDE

Thailand
畅游泰国 ❺

苏梅岛

位于泰国湾的苏梅岛是泰国第三大岛，20余年前这里还是一座无人知晓的渔村，现今依旧保持着其质朴的本色，其乡村风情和成片的椰林宛若世外桃源一般，吸引无数游人前来寻幽探秘，享受宁静假期。

打开苏梅岛!

1 印象

苏梅岛是泰国的第三大岛,位于泰国湾,面积达240多平方公里,距离曼谷560多公里。与旅游业发展得相当成熟的普吉岛比起来,苏梅岛显得质朴而自然。20多年前这里还是一座无人知晓的渔村小岛,直到被几个西方游客意外发现后,这里拥有美丽风光的消息才不胫而走。尽管如此,苏梅岛至今依然保持着那种特别的乡村风味。苏梅岛是知名的椰树之岛,这里有着成片的椰林,映衬着白色的沙滩,景致迷人。苏梅岛周围还有很多无人小岛,其中不乏风光旖旎的世外桃源,探访这些神秘的小岛也是游人们的乐趣之一。

2 地理

苏梅岛地处泰国湾西南部,整个岛呈圆形,平均直径约15公里,周围有60多个大小岛屿环绕。岛中大部分为平原、丘陵,最高点海拔635米。

❸ 气候

苏梅岛属于典型的热带气候。每年2—8月是夏季，5—8月、11—12月中旬是岛上的雨季，在此期间降水会比较多。

❹ 苏梅岛节日

红毛丹节

时间：8月

1926年，苏梅岛上移栽了泰国第一株红毛丹树，由于红毛丹味道甜美，很受欢迎，于是便在泰国全境广泛种植开去，成为泰国知名的水果之一。每到红毛丹成熟的8月，苏梅岛的人们都会为了庆祝红毛丹丰收，用红毛丹和其他当季盛产的水果装饰成花车，举行盛大的红毛丹花车大游行。游行的同时还会配上消暑解渴的水果大展及其他一些有趣的游戏以吸引游客。

佛教解夏节

时间：10月

这个节日也叫作解夏安居日，在泰国和佛教供养僧衣法令一起作为著名的祈福活动，在每年10月佛教斋日的最后一天举行。每到这时候，在太阳刚升起时，当地人就会将佛像放在装饰精美的车上，进行陆地及水上游行，随后将黄色的僧袍献给当地的僧人，并捐钱给寺庙。此外，节日期间也会有许多精彩的民俗舞蹈和音乐表演。

宋干节

时间：4月

宋干节也称泼水节，是泰国传统的旧历新年。每当泰历新年来到的时候，人们都会穿上盛装，先前往寺庙祈福，然后相互泼水，意在各种灾祸能被水洗净，来年能收获好运。而苏梅岛上的宋干节庆典因其有独特的斗水牛仪式而尤其具有当地特色。作为对手的两头牛都会被打扮得非常漂亮，牛身装饰有精美的水牛彩带和金树叶画。比赛开始前会有僧侣为它们洒上圣水。一场比赛有两个回合，哪头牛先将对手推出擂台即算获胜，获胜的牛的主人会获得不菲的奖金。整个过程相当精彩有趣，是当地人一项重要的民俗庆典活动。

巴士

在苏梅岛上观光的另一种方式是乘坐在主要干道运行的迷你巴士，这种巴士有定时路线，通常都是环岛游的线路，很适合自助游的游客。

❻ 苏梅岛美食

苏梅岛和泰国其他的著名岛屿一样，拥有种类丰富的海鲜和水果，由海鲜做成的各色泰式料理是最吸引游人的。苏梅岛上有很多家庭作坊式的饭店，这些饭店的饭菜都是精心制作，滋味独特，显得与众不同。而且当地的小吃也很有特色，尤其是苏梅岛独特的炸椰子丸和枣椰丸，香甜可口，非常好吃。此外苏梅岛还有来自世界各地的经典风味，如中餐、日本料理、印度菜、韩国菜等等，在这里都可以吃到。

❼ 苏梅岛购物

苏梅岛有一条环岛公路，公路的两侧就是苏梅岛主要的购物区。苏梅岛的商业并不像普吉岛那么繁荣，并没有大型的购物中心和超级市场，只有小型购物市场和

❺ 苏梅岛交通

出租车

苏梅岛的公路网比较发达，环岛公路围绕着岛的海岸线，并通过岛中心和各处海滩相连接。这里的出租车通常被称作"松塔欧"，这种车是由小型货运车改装的，随处都可以见到，招手即停，很方便。岛上的"松塔欧"分好几种颜色，其中红色车的公共程度最高，既便宜又快速。

商店。这些市场和商店大多集中在苏梅岛主要的旅游景点那通镇、查武恩海滩和拉迈海滩附近，虽然小，货品却很丰富。出售的商品主要是当地手工艺品、纪念品、丝织品、木雕、银器、珠宝首饰等旅游商品以及品种丰富的生活用品。

❽ 苏梅岛住宿

因为旅游业的发展，苏梅岛上的酒店很多，其中很大一部分是建在海滩上的小屋旅店，所以海滩风光成了当地住宿业最主要的卖点。其中以最热闹的查武恩海滩的配套服务设施最为完善，而像拉迈海滩则以美丽的白沙风景吸引游客来此住宿。不过按照距离海滩的远近，酒店的收费也会不同，如查武恩海滩上最近的旅店一天收费为1500～2000泰铢，远的则只需数百泰铢。

❾ 苏梅岛娱乐

苏梅岛拥有大片的海滩，这里的海滩纯白细软，海水清澈纯净。这里的水上运动很受人们欢迎，几乎每天都有人在这里进行包括潜水、冲浪等在内的活动。除了自然风光外，苏梅岛的夜生活也相当丰富。迪斯科厅、酒吧等场所有喧闹的重金属音乐、耀眼的激光灯，加上火辣的钢管舞女，能让人感受到幽静淳朴的苏梅岛别样的现代气质。此外，苏梅岛也以按摩而闻名，无论是海滩边还是酒店中，甚至是大街上都能看到各式各样的按摩场所，按摩的手法也多种多样，人们在苏梅岛可以享受到最正宗的泰式按摩。

01 查武恩海滩
岛上游人最多、最热闹繁华的大海滩

查武恩海滩位于苏梅岛东海岸，是岛上游人最多、最热闹繁华的大海滩，全长7公里的银色沙滩上有着众多的酒店和度假村，沿路两侧还有酒吧、餐厅、商店和娱乐场所，是岛上游客最集中的地区，也是夜生活的中心地带。海滩上沙子洁白细腻，在清澈碧蓝的海水冲刷之下呈现出柔和的光泽，与蓝天、白云、椰子树相衬，呈现出一幅美丽清新的热带海岛风光，令人流连忘返。在这里不只是欣赏自然风光，还可以亲自体验大海的壮美和刺激，游泳、潜水、帆板、水上摩托等水上娱乐项目一应俱全。海滩上的大小餐厅里有正宗的海岛风味料理和新鲜海鲜可供品尝。

TIPS
苏梅岛东海岸　从苏梅机场乘小巴即达　★★★★

02 拉迈海滩

最适合度蜜月的海滩

拉迈海滩位于苏梅岛东海岸，虽然只有短短2公里长，但是却以其清静悠闲的气息成为苏梅岛上最值得游览的景点之一。与查武恩海滩相比，拉迈海滩的开发并不算完善，不过也因此更加安静自然，漫步拉迈海滩之上，有一种远离尘世喧嚣的感觉。而且因为保护得当，这里的海水透明度较高，十分适合游泳、潜水等水上活动，著名的祖父祖母石就在拉迈海滩的南边。拉迈海滩附近并没有高级旅店，却有着许多经济实惠的旅馆和度假酒店，海边的商业街虽然并不繁华，但也是应有尽有。因为拉迈海滩的安静，这里成为最适合度蜜月的海滩之一，每年都有许多来自世界各地的新婚夫妇在这里度过一段美好的时光。

TIPS

🏠 苏梅岛东海岸　🚗 乘当地TUTU车即达　★★★★

03 祖父祖母石
形状酷似男女生殖器

祖父祖母石是拉迈海滩南边的两块奇异的岩石，形状酷似男女的生殖器官，因此被当地人称为祖父祖母石，也叫做男人石和女人石。两块石头并不在一处，祖父石位于海岸岩石之上，祖母石则隐没于海中礁石的背面，只有退潮时才能看清。拉迈海滩吸引众多游人的地方还不只是大自然鬼斧神工留下的祖父祖母石，这片海滩上巨石众多，是岛上日光浴的绝佳场所之一。附近的小路是热闹的购物街，可以买到当地的椰子制品。

TIPS
🚍乘当地TUTU车即达 ★★★

04 大佛海滩
苏梅岛的交通中心

大佛海滩是苏梅岛上距离机场最近的海滩，也是苏梅岛的交通中心，从这里乘车可以到达岛上各个海滩，也有渡轮开往潜水胜地涛岛。大佛海滩常年风和日丽，水质清澈干净。这里被称为大佛海滩的原因是帕雅寺中的金色大佛像，佛像高12米，是苏梅岛的海上地标。

TIPS
🚍乘当地TUTU车即达 ★★★★

05 涛岛

世界知名的潜水胜地

  涛岛也叫龟岛，因为它外形酷似乌龟。这个小岛的面积只有21平方公里，孤立于珊瑚礁之上，从苏梅岛乘船前往也需要两个小时。这个偏僻小岛之所以能成为旅游胜地，源于这里保留了完整的珊瑚礁和丰富多样的海底生态系统，再加上透明度极高的海水，使这里成为世界知名的潜水胜地之一。在涛岛上，有数十家潜水公司可供选择，即使是初次接触潜水运动的新手，也能在经验丰富的潜水教练的指导下欣赏到水下的绝美风光，如果技术好，还可以在这里拿到潜水执照。即便不下水，在岸上领略典型热带海岛的风光，也是绝佳的享受。

TIPS

🚢 从苏梅岛Nathon Ferry Pier码头、Mae Man Ferry Pier码头、Bo Phut Ferry Pier码头乘船即达 ★★★★

畅游泰国 · 苏梅岛

06 帕雅寺 赏
苏梅岛的海上地标

　　帕雅寺位于大佛海滩旁边，寺中的金色大佛是苏梅岛的海上地标，无论从哪个方向到达苏梅岛，首先映入眼帘的都是这个金光闪闪的高大佛像。帕雅寺本身建造于海中小岛之上，并不和海滩直接相连，但近年来在各界捐助下，已经填海造出一条通向寺庙的路，所以可以直接从陆上前往。寺中除了金佛外，还有一些雕塑群。周边的集市也值得逛逛。

TIPS
 Bo Phut, Koh Samui, Surat Thani 84140　乘当地TUTU车即达　★★★

07 波菩海滩
岛上最古老的居民定居点

位于苏梅岛北岸的波菩海滩是个长度仅有两公里的小海滩,这里水质清澈,沙子洁白,风光秀丽,是岛上不多的能在一片清静氛围中细细品味、欣赏日落的场所。波菩海滩曾是一个小渔村,也是岛上最古老的居民定居点,从海滩向西走就可到达湄南村,村子鲜有游客光临,保留着淳朴自然的风貌,村尽头的海湾是优质的潜水场所。

TIPS

苏梅岛北部　乘当地TUTU车即达　★★★

畅游泰国 — 苏梅岛

08 那通镇 逛
苏梅岛上观看日落的最佳地点之一

那通镇是苏梅岛的行政中心和商业中心，镇上集中了几乎所有的政府机构，移民局、警察局、银行、医院等都设在这里。小镇也是游客经常往来的地方，这里的码头是岛上最繁忙的码头，前往苏梅岛周边的各岛屿基本都可以在这里乘船。同时，这个小镇也是欣赏海岛日落风景的最佳地点之一。

TIPS
乘当地TUTU车即达 ★★★★

09 邦考海滩 玩
五彩缤纷的蝴蝶园

邦考海滩位于苏梅岛西南角，海滩常年风和日丽，水质清澈干净。这里最吸引人的是蝴蝶园，园内饲养着30多种五彩缤纷的蝴蝶，游人还能在展览馆看到各种蝴蝶和其他昆虫的标本。

TIPS

苏梅岛西南角 乘当地TUTU车即达 ★★★★

10 纳挽瀑布和欣拉瀑布

苏梅岛最著名的瀑布

TIPS

乘当地TUTU车即达 ★★★★

苏梅岛不仅拥有热带海岛风光,还有不少瀑布,最著名的就是纳挽瀑布和欣拉瀑布。每逢雨季水量丰沛时,两个瀑布都呈现出气势磅礴的景象,令人流连忘返。欣拉瀑布高20余米,清澈的水流飞泻而下,瀑布下方的潭水清澈碧绿,是岛上最佳的淡水游泳地,在这里可以体验到和海水游泳不同的感受。瀑布脚下的欣拉道院也是值得一游的景点。风景如画的纳挽瀑布则是高40余米的黄色石灰地质泉水瀑布,倾泻而下的泉水让人感觉如身处空山幽谷之中,水流砸击岩石产生的朦胧水雾,带给人一番清凉。

11 恰莫海滩

苏梅岛上最受欢迎的沙滩之一

TIPS

🚌 乘当地TUTU车即达 ★★★★

恰莫海滩是苏梅岛最受欢迎的沙滩之一，位于岛北海岸，狭长的入海口处海水清澈湛蓝，沙滩洁白细腻，而岸上挺拔婀娜的椰子树为海滩增添了十分浓郁的热带海岛风情。与热闹的查武恩海滩相比，这里显得格外宁静清新，自然也是世界各地情侣和夫妻享受甜蜜二人世界的世外桃源。

12 安通国家海洋公园
环境优美的珊瑚礁公园

玩

畅游泰国 : 苏梅岛

安通国家海洋公园位于距离苏梅岛31公里的安通群岛上，由40多个大小不一的小岛组成，如同一串珍珠排列在蔚蓝的安达曼海之中，岛上密布热带林木，沿海地区还有茂盛的红树林。这里海水清澈，呈现出从透明到深蓝的美丽色泽，不管是潜水还是游泳都是一大享受。这里的鱼群密度高，坐在船上就可观看到鱼群在珊瑚礁中穿梭。岛上蔚蓝的咸水湖和石灰岩洞也是其独特的风景，在树林中还能看到多种热带鸟类，运气好的话，还能看到长臂猿和水獭。

TIPS

🏠 Koh Samui, Koh Ang Thong, Surat Thani　☎ 077-286-025
💰 1500泰铢　🚢 从苏梅岛Nathon Ferry Pier码头、Mae Man Ferry Pier码头、Bo Phut Ferry Pier码头乘船即达　⭐★★★★

169

13 南园岛
世界知名的潜水胜地

TIPS
🚢 从苏梅岛Nathon Ferry Pier码头、Mae Man Ferry Pier码头、Bo Phut Ferry Pier码头乘船即达 ★★★★

　　南园岛位于涛岛西北角，由三个孤立于珊瑚礁之上的小岛组成，从苏梅岛乘船前往需要两个小时，这里的海水颜色特别，由浅至深呈现四种颜色，从岸边的透明到浅滩的绿色，再到浅蓝和深蓝。完整的珊瑚礁和丰富多样的海底生态系统，再加上透明度极高的海水，使南园岛成为世界著名的潜水胜地。游人穿上潜水服潜入水中，向上可以看到波光粼粼的蓝色水面，周围则是五彩斑斓、形态各异的珊瑚，各种海洋生物在身边游弋，使人有身处龙宫仙境的感觉。

14 帕安岛
世界著名的派对岛屿

帕安岛是世界著名的派对岛屿，这里的满月派对是世界三大户外狂欢舞会之一。帕安岛也因此成为全世界背包旅行者向往的圣地。每个月圆之夜，苏梅岛各个酒店和度假村中的客人们都会乘船前往这个小岛，参加每月一次的海滩露天派对。在派对上，世界顶级的DJ将各种风格的音乐放得震耳欲聋，使整个沙滩都弥漫出一种狂野不羁、热情奔放的自由气息，彻夜不休。

TIPS
🚢 从苏梅岛Nathon Ferry Pier码头、Mae Man Ferry Pier码头、Bo Phut Ferry Pier码头乘船即达 ★★★★

15 Zazen Boutique Resort&Spa
泰式禅风度假村 住

 TIPS

📍177, Moo 1, Tambon Bophut, Koh Samui, Suratthani, Bo Puth Beach, 84320　☎077-425-085　★★★★

　　Zazen Boutique Resort&Spa是一个泰式禅风度假村，名字中的"Zazen"就是"坐禅"的意思，这里的装潢体现出浓郁的泰国传统风格，大量地运用了红色和黄色的元素，看上去不像个度假村，而更像一个清静幽深的寺庙，住在这里可以在蓝天碧海之中更好地放松心情。在度假村的餐厅既可以欣赏到美丽的海景，又能尝到正宗的东南亚料理。这一切使之成为苏梅岛上数一数二的酒店，很多游客选择入住其中。

16 苏梅岛四季度假村
豪华的山海别墅 住

苏梅岛四季度假村位于暹罗海湾之中，环境幽静雅致，酒店由60多座宽敞舒适的山中别墅构成，周围环绕的是美丽的热带花园和婀娜摇曳的椰子林，美如画卷的风光使这里成为理想的度假胜地。在这里可以一览苏梅岛碧海、白沙、蓝天白云和椰子树相衬呈现出的热带海岛风光。

TIPS
219 Moo 5, Angthong, Koh Samui, Surat Thani, 84140
077-243-000 ★★★★

THAILAND GUIDE

Thailand

畅游泰国 ❻

董里

董里是泰国南部的一个府，有"泰国的马尔代夫"之称。董里的南部海岸区域受到特别的保护，并纳入佩特拉国家公园的范围。董里海岸外有诸多岛屿，岛上有多种海上游乐项目，其中包括潜水、海上划艇、多岛一日游等，尤其是日光浴和海鲜，更能让人体会到热带海洋风情。

打开董里！

1 印象

董里又名"什田"，是泰国的一个府，属南部地区，西南面临安达曼海。同泰国开发程度较高的其他城市和普吉岛、苏梅岛等重点旅游区相比，董里开发程度较低，但不影响游客们对此地生态景色的向往。董里全境有43个岛屿，分属3个县。当地不仅拥有一流的海滩，沿海岸线上还点缀着令人惬意的小海湾和离岸岛屿。到董里旅游就是前往这些岛群休闲、游泳、浮潜、深潜、划艇、徒步、攀岩和观鸟等等。自董里再向南，海岸外有布仑岛、嗒努奥岛、腊威岛、阿砀岛、俣普岛和凯岛，与马来西亚的兰卡威地区隔海相望。帕明海滩具有白色粉沙，是沿朝迈和菖朗国家公园海岸边最漂亮的绵延海滩，令人叹为观止。董里的南部海岸区域受到特别的保护，并纳入佩特拉国家公园的范围。在这里，你可以充分享受阳光和海水，感受安达曼海带给你的热情、浪漫，以及泰国南部热带海洋的浓郁风情。泰国人常常自豪地把这里称为"泰国的马尔代夫"。

2 地理

董里位于董里河左岸，地处泰国南方的丘陵地带，除了府城周围很少有平原，董里府的最高峰称为般他山，海拔1322米。府中的两条主要河流是董里河与白莲河，他们分别发源于洛坤府里的黄山和该府内的般他

山。董里府的西南面濒临安达曼大海，离岸有47个小岛，这些岛在海中分布均匀。在董里府境内不但多山，还有多处瀑布和温泉，多数海滩常年适合游客观光度假，此地也设立有国家自然保护区公园。

③ 气候

董里府由于面临安达曼大海，气候备受海洋季风影响，上半年炎热，下半年多雨。

④ 董里交通

航空交通

董里机场离董里府城仅7公里。每日泰鸟航空公司（Nok Air）有一班飞机飞往曼谷廊曼机场（Don Muang Airport），另有一班同航空公司的波音飞机自曼谷飞来降落。

汽车租赁

在董里府城租用汽车不太方便，但很容易租到摩托车。在泰国，汽车燃油分为91号油（无铅汽油）和95号油（有铅汽油）两种，一般在加油站会有服务员为你添加。如果你不会说泰语可通过写阿拉伯数字在纸上沟通。加满轿车油箱一般需要600泰铢，可行驶300公里左右；而加满大型摩托车油箱一般需要60泰铢，可行驶150公里左右。

巴士

在董里府府内许多地方有双排座小巴（songthaew）兜客。自董里府城内去城内任何地方（如寺庙）一般需付10~20泰铢。如果出城（比如到飞机场），出租汽车司机一般会开价200泰铢。

海路交通

董里府西临安达曼海，水路交通方便，有渡船连接本府各大离岛及甲米府的皮皮岛、兰达岛。不过需要注意的是，在5月到11月季风时节风浪会很大，许多人会不适应，并且有时渡轮也会因为风浪太大而停航。如果是在季风时期旅行，请留意当地的天气预报及海港的海浪预报。另外，还有一种长尾船时常在码头边兜客，长尾船通常很快，适合去离岛，或者沿海岸观光，一般船夫开价1200泰铢一日。

⑤ 董里住宿

董里当地旅游开发程度与普吉岛、苏梅岛等地相比较低，也不如曼谷等大都市繁华，但是住宿是比较方便的，且住宿价格普遍不贵，最贵一般在1500泰铢左右。

01 帕克蒙海滩
董里最有特色的海滩之一

TIPS
 租车可达 ★★★★★

尽管泰国南部有很多小岛值得游玩，这座距离董里39公里的沙滩仍有其独特的吸引力。仅仅是躺在海滩的吊床上读上几段文字，享受那种繁忙之后难得的寂静，心情都会得到放松。这里还有一些石灰岩的洞穴，可以前往攀爬。天气好时，洞穴边上是不错的视角，能将广阔的海滩景象尽收眼底。

02 那柯岛
海下珊瑚乐园

那柯岛包括Nok 和Nai两个小岛。Nok 岛非常适合潜水，有一条长长的白沙滩，最奇妙的是海滩外水面下的珊瑚礁，颜色多彩亮丽；鱼的种类也非常多，从鹦鹉鱼、海鳝到成群的狗鱼，在这里都可以看到。这里可说是喜爱自然潜水者的天堂。Nai 岛西南方向有一个瀑布，被认为是该岛的地标，因瀑布直接从高处流下海面，人们可以划船靠近，并接触到瀑布倾泻而下的流水。

TIPS
koh rok 从lipe岛坐快艇公司的船或者从董里诸岛坐长尾船前往 雨季关闭，大概是从4月开始关闭一直到9月。 200泰铢（淡季）；400泰铢（旺季） ★★★★★

03 里唠岛
董里最大的岛屿

里唠岛是董里所属诸岛中最大的一个，方圆40平方公里。岛上地形主要以山地为主，最高处海拔311米。岛上有3个村子，居住着穆斯林渔民。游人可去岛上的马福芳村（Maphrao）半日游。该地区属于佩特拉岛群，岛上鸟类繁多，是鸟类学家的天堂。岛的中部是丛林，适合爬山和徒步。岛的东部有一块高200米的出露石灰岩，名为"考牟达"。此外，浮潜爱好者可在岛的西南海岸外看见珊瑚礁。

TIPS

小巴从董里去合奥码头（Hat Yao Pier），再去岛上的班奥码头（Ban Phrao Pier） ★★★★

04 牙岛
董里诸岛中的交通要道

董里诸岛中的交通要道——牙岛是一个较小的山岛，长为3.8公里，宽有2公里左右，它被常绿林所覆盖。牙岛有一个非常奇特精妙的海滩，海滩的海岸线点缀着大大小小各种各样的岬石，美丽的白沙滩和高耸的椰子林、棕榈林完全保持着原始的状态。这里是进行浮潜和深潜的完美地点，而且可以在水中看到最美丽的、未被人为破坏的珊瑚礁，每天有船前往临近的丸岛（Koh Whean）、柯拉丹岛（Koh Kradan）、翠岛（Koh Chueak）、那柯岛（Koh Rok）、玛岛（Koh Ma）、阁兰达岛（Koh Lanta）和姥柯岛（Koh Mook）。

TIPS

从帕明码头（Pak Meng Pier）坐船可直达，时间为50分钟左右 ★★★★

05 素攀岛
具有当地特色的岛屿 玩

TIPS
 在巴莲（Palian）的喀康码头（Tha Kham Pier）坐船可达 ★★★★

素攀岛的位置在泰国的南部，长度约有8公里，宽度约有4公里，虽然面积不是很大，但这里十分适合沙滩漫步和骑着山地自行车缓缓穿过橡胶林。素攀岛屿是董里诸岛当中的一个，现在素攀岛上居住有大约2600个居民，总共有4个村庄。素攀岛上的小汽车很少，相对比较安静。当地的居民大多是以渔业和割橡胶为生的渔民和农民。当地螃蟹交易市场中出售有鱿鱼、虾和鲜鱼等海鲜，虽然市场不大，但具有浓郁的当地特色。

06 玛岛、翠岛和丸岛
各种彩色鱼类的家园 玩

TIPS
 从帕明码头(Pak Meng Pier)坐船可达 ★★★★★

各地的旅游者在玛岛（Koh Ma）、翠岛（Koh Chueak）和丸岛（Koh Whean）最喜欢的活动就是潜水，每一条的宿游船都将在这里停留，来自世界各地的游人们会看见美丽奇妙的水下世界。虽然从海平面上望过去，玛岛、翠岛和丸岛这三个微小的岛屿实际就是突出海面的大礁石，但是它们对于各种各样的鱼、美丽多彩的珊瑚礁还有漂亮的海藻的生存来讲扮演着十分重要的角色。翠岛和丸岛位于牙岛(Koh Ngai)和姥柯岛(Koh Mook)的中间，玛岛位于翠岛的北边，离牙岛大约有4公里，玛岛、翠岛和丸岛和帕明码头(Pak Meng Pier)之间的距离大约是12公里。这三个岛很小，而且相互离得很近，三个岛上只有一些鸟巢，没有海滩，但是由岩石和高耸的峭壁围绕着，所以这里也是董里海域最奇妙的潜水地点。

翠岛由两组礁石组成，两组礁石之间有着十分快速的水流，因此，一些人在潜水的时候喜欢拉着绳索，以免被冲远。翠岛是董里最著名的浮潜海域，人们可以在这里看见各种颜色的软珊瑚及各种奇特的海鱼；而玛岛有浅滩美丽的珊瑚礁和飘逸的海藻，它呈现马的形状；丸岛则是一个岩石群，它的形状有点像舞台的背景，有着大量的海燕栖息在此处。丸岛曾经是董里第一次水下婚礼的举办处，但是因为没有沙滩，所以后来移到了柯拉丹岛。现在，丸岛以观赏各种各样的珊瑚礁（硬珊瑚）和种类丰富的鱼类而出名。

07 柯拉丹岛

玩

泰国南部最美丽的岛屿之一

柯拉丹岛(Koh Kradan)是泰国南部最美丽的岛屿之一，众人称之为"董里最美丽的岛屿"。在柯拉丹岛的南面有一片十分漂亮的粉细白沙滩，白沙滩的软沙踩起来给人一种滑石粉般的感觉。柯拉丹岛大部分划归于国家公园，另外的小区域则是属于私人橡胶和椰子种植园。

每年的情人节都有几百对新人参加在柯拉丹岛附近海域水下举行的集体水下婚礼，在2000年时，被吉尼斯以世界上最大的水下婚礼仪式所收录。水下集体婚礼是由董里商务部门举办的，体现了多姿多彩的泰国的传统节日仪式，而且是法律化的正式婚礼仪式。新人们先在董里市区参加传统穿城巡游，然后从码头坐高速船前往水下婚礼海域。

柯拉丹岛的北面拥有着钻石般清澈的海水和美丽的珊瑚礁，还有一处十分理想的海浪滑板冲浪区域，附近还有两艘"二战"时期沉没的日本战舰，如今它成为了流行而有趣的潜水点。

TIPS

从帕明码头（Pak Meng Pier）或是合奥码头（Hat Yao Pier）都可以坐船到达 ★★★★★

08 红岩和紫岩
泰国潜水好去处

TIPS
🚢 坐宿船从普吉岛和皮皮岛都可以到达 ★★★★★

红岩（Hin Daeng）和紫岩（Hin Muang）是泰国除了斯米兰岛（Similan）以外最好的潜水地点，对于喜爱在泰国潜水的人来说非常有名。这里除了可以看见彩色多样的软珊瑚和大乳香鱼群外，还可以看见梭鱼、礁鲨和无数的礁鱼，这里的潜水地点为短途宿游船旅行提供了极大的方便和十足的乐趣，红岩和紫岩这个区域属于泰国阁兰达国家海洋公园的范围。红岩和紫岩是两处大的深水礁，潜水者们非常乐于讨论在此观看鳐鱼的经历，同时也有人讲述在这里看到鲸鲨时令人激动不已的情景。红岩是一个小尖塔式半浸入海水中的礁石，当你注视着海面上裸露的礁石时，你绝对不会想到，这里的水下有着如此吸引人的潜水地点。红岩最重要的景观就是密集鲹鱼群游来游去在人们面前形成的银色屏障，蔚为壮观。生长旺盛的软珊瑚形状奇特，呈现出美丽的红色，分布于各处，并小范围地四处扩展。然而，在红岩潜水不会总是被眼前的景象所迷住，你常常可以看到有着优雅动作的鳐鱼从你头顶俯冲滑过。如果你有足够的运气，听到类似坦克隆隆声传来，你一定掩饰不住内心的狂喜，一种最令人不可思议的大鱼来到了你面前，那就是鲸鲨。

紫岩有着泰国水下最高的，装饰着珠宝般亮丽紫色的软珊瑚立墙，紫岩十分适合大一些的鱼类和生命物种栖息生存，灰色的礁鲨和豹鲨在更深的水下巡游。但是摄影者有时却喜欢把镜头对准岩石上微小的奇特生物，并且乐不可支地欣赏着从头顶飘逸游过的鳐鱼。由于这里相对来说水较深，所以来这里潜水的人不是很多。

09 嗒努奥岛
泰国的海洋公园

TIPS
🚢 从帕明码头（Pak Meng Pier）坐船可达 ★★★★★

嗒努奥岛一共包括了61个大大小小的岛屿，其中有7个岛屿列名，阿砀岛、腊威岛和侎普岛是这个国家公园的主要组成部分。嗒努奥岛是以其名字命名的泰国第一个国家海洋公园（Ta Ru Tao National Park，1974年建立）的主岛。嗒努奥岛地形主要是山地，只有零星平坝，像东部的坳湾和南部的U字湾。在1974年建立国家海洋公园之前，岛上的居民在此种植时令作物、椰子等，在嗒努奥国家海洋公园建立以后，所有的居民都迁出了该岛。嗒努奥岛南北长有24公里，而最南端离马来西亚的兰卡威岛只有5公里。在20世纪40年代的时候，嗒努奥岛曾经是一所监狱，嗒努奥岛的东部关押一般犯人，而政治犯则关在 U字湾，因为这里离其他岛有着相当的距离，再加上周围红树林中常有鳄鱼出没，犯人没法逃跑，最多时曾经关押了3500多人。但是由于缺乏食物和医疗条件差，很多囚犯死于饥饿和疟疾，在1948年最终撤销了这所监狱。目前，大多数当时的木制建筑经过几十年的风雨已经坍塌消失，唯有一些房屋的土制基座和当时的铁制工具残骸还偶有发现。嗒努奥岛上主要的沙滩在嗒努奥岛的西海岸，有南面的马柯罕湾(Makham Bay)、中部的松湾(Con Boy)和北面的马六甲沙滩（Malaka Beach），游人们可以乘坐长尾船去马六甲湾的鳄鱼洞(Crocodile Cave，也叫 Tham Jara Khe)游玩，马六甲湾的鳄鱼洞的洞口经常半浸在海水中，要靠筏子，并拉着绳索方可进洞。

10 涝茛岛
原始自然面貌保留地

涝茛岛是佩特拉(Petra)岛群中的一个岛，拥有白净的沙滩，清澈湛蓝的海水下有许多各式各样的软珊瑚和硬珊瑚。涝茛岛包括北岛和南岛，但由于来访的人不多，因而保持着原始自然的风貌，最好的游玩时间是每年11月到次年5月，这段时间雨较少，风较小。

涝茛岛的北岛当地叫 "Nong"，意为弟弟岛，是董里最新、最现代化的港口，离合奥港（Hat Yao)有22公里。涝茛岛北岛的形状非常奇特，只在东面有一个沙滩，不仅仅是理想的静养休闲的地方，而且软细的白沙和透亮的海水也是漫步和游泳、浮潜的好地方。在涝茛岛北岛的最南面可在水下发现七色软珊瑚，而涝茛岛北岛的北面可以在水下2米深的地方看见石帆（海扇）。除此之外，各种各样的石灰岩峭壁提供了多种难度的攀岩路线，挑战着来自各个地方的好手。从峭壁上的露营处，你可以观赏到壮丽的日出景观。

涝茛岛的南岛被当地人叫 "Pee"，意为哥哥岛，这里是你玩水冒险的绝佳娱乐地域。涝茛岛南岛的面积比北岛的大，有一个渔村，在涝茛岛南岛的东面有一个大沙滩，离北岛只有几百米，可观赏到北岛的美景，水下有各种各样的美丽珊瑚和奇特鱼群。

涝茛岛的南北岛之间有一个强水流区域，你只需要潜入水下，那漂亮的七色软珊瑚就会出现在你的身边，完全不像有些海域需要深潜30米才能看到珊瑚。现在即使你不会游泳，只要戴上面具和穿上救生衣，你一样可以欣赏到美丽的水下奇景。在涝茛岛有各种活动可以由你选择，你可以选择几百条攀岩路线中的一条去尝试，也可以选择去水下观赏各种软硬的美丽珊瑚和梦幻般色彩的鱼群，你也可以邀约朋友一起去玩海上划艇。

TIPS
从帕明码头（Pak Meng Pier）坐船可达 ★★★★★

THAILAND GUIDE

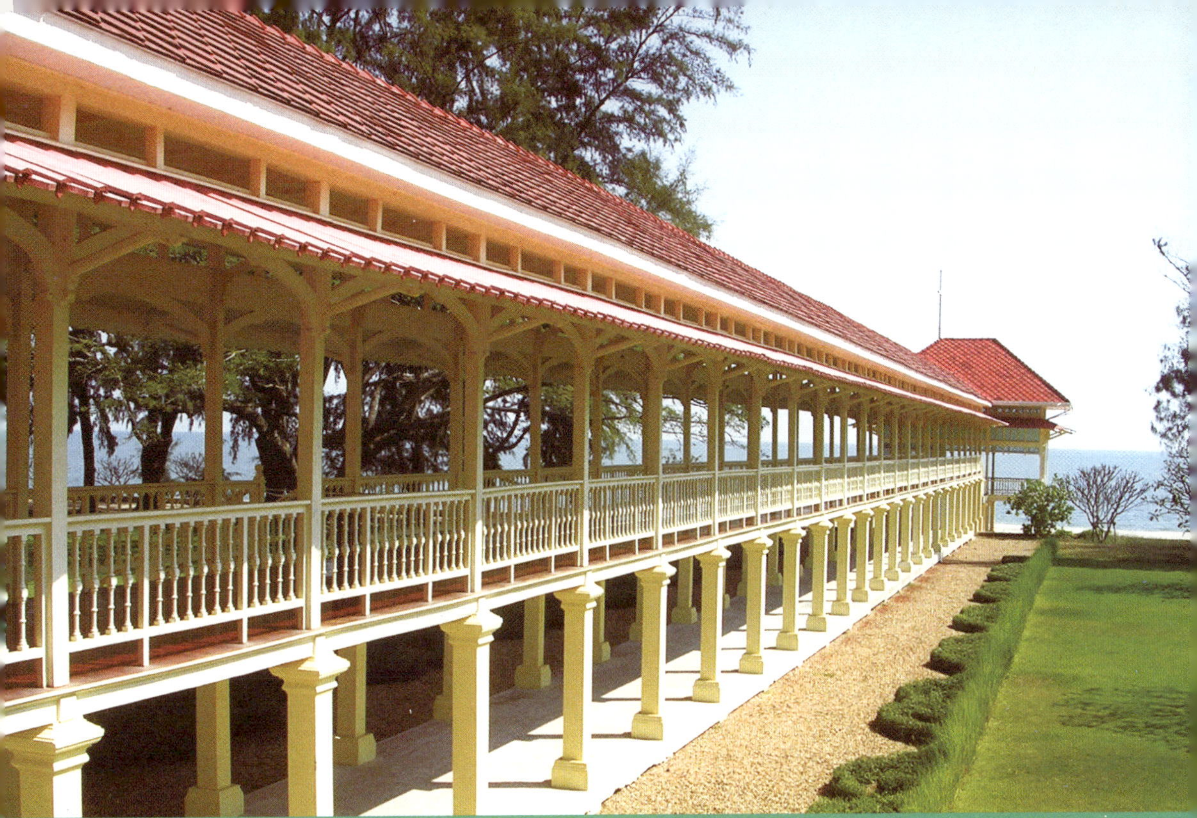

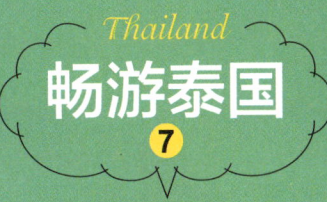

Thailand

畅游泰国

7

泰国其他地区

除了那些比较出名的景点，泰国还有许多开发程度较低的地区，以及部分较分散的著名景点。其中包括宋卡府的Ko Yo岛、泰王拉玛六世建造的爱与希望之宫、华欣夜市以及泰国最大的野生动物保护区康卡沾国家公园等。漫游泰国，可以体会到泰国的不同方面的特色，能够更全面地了解泰国。

01 爱与希望之宫
了解泰国王室的生活

爱与希望之宫是泰王拉玛六世为了祈祷他最爱的皇后能顺利产子而建造的,虽然这个愿望没有实现,国王本人也移居瑞士,但是留下了这座充满了爱和希望的宫殿。这座木制宫殿使用了1080根上等柚木,鹅黄色的主体配上红色的屋顶,显出几分女性的柔美。宫殿内有16座高脚宫室,其中包括宴会大厅、国王寝室和皇后寝室,一条长廊从陆地延伸到海边。地板一尘不染,游人必须赤脚进入,温润的木头质感从脚心传到身体里,让人觉得非常舒服。漫步在长廊中,环视周围的海滨风景,感受着阵阵海风,一股浓浓的惬意就会油然而生。

TIPS

- Cha-am, Phetchaburi ,76120
- 03-250-8028
- ★★★

02 华欣火车站
华欣城最具特色的地方

赏

TIPS

📍 Hua Hin, Prachuap Khiri Khan, 77110 🚗 乘当地TUTU车即达 ★★★

华欣火车站建于泰王拉玛六世时期，是为了迎接国王的巡幸而建造的，也间接带动了华欣地方经济的发展。这座火车站并不大，却充满了古色古香的味道。车站的主体建筑由柚木制成，红白相间，线条分明，在阳光的照耀下显出浓浓的泰国传统特色。站台旁矗立着一座华丽的建筑，外形好似皇宫一般，这是专门为皇室成员准备的候车室。火车站内陈列着当时国王视察车站的照片以及那时候的旧火车头，还有附近景点的旅游招贴画等。这么一座小小的火车站却成为非常著名的旅游景点，吸引了来自世界各地的大量游客。坐上火车亲身感受一下，成为华欣城最具特色的旅游项目。

03 华欣夜市
华欣市的特色景点之一

逛

TIPS

📍 Petchakasem Rd., Prachuap Khiri Khan, Hua Hin 77110 🚗 乘当地TUTU车即达 ★★★★

华欣夜市是华欣市的特色景点之一，夜市设在市中心的一条长街上，每天晚上都会营业，主要是针对外来观光客销售一些泰国特色的货品。夜市的前半部分是卖衣服、皮包等生活用品的杂货摊，后半部分则是小吃一条街。这里的小吃摊并不像其他路边摊那样露天营业，好多摊位都有小厨房，老板也会戴着围巾、帽子，以显卫生。这里的小吃品种很多，包括炸昆虫在内的各种特色小吃随处可见，此外华欣著名的海鲜也很受游人们的欢迎。这个夜市附近还有一个更大的夜市，除了贩售商品外，还有一个很大的游乐场，有刮彩票、气球射击、圈圈套礼品、小飞机、小火车、小型摩天轮等游艺活动，很多游人玩得不亦乐乎。

04 拷汪宫

电影《安娜与国王》中国王行宫的原型　　　　　　　　　　　　赏

TIPS
📍 Kiri Ratthaya, Khlong Kra Saeng, Muang Phetchaburi, Phetchaburi, 76000　★★★

拷汪宫位于离华欣市不远的山丘上，这里深受泰王拉玛四世的喜爱，被他誉为"空中之城"，现已开辟为博物馆。拷汪宫通体白色，在绿色的群山中十分显眼，尖顶和圆塔又凸显了泰国传统建筑风格。区别于别的国王行宫的高贵奢华，拷汪宫以它平静祥和的独特气质深受人们喜爱。拷汪宫面朝暹罗湾，好像一位远眺大海的贵妇人。在这里可以眺望远处的海水、沙滩、椰林，再加上宫殿本身置身于钟灵毓秀的青山之上，更让人感受到一种恬静自然。王宫中展示了拉玛四世和五世时期的王室用品、雕塑等，每年这里还会举办帕那空奇里节，来推广观光活动。值得一提的是，拷汪宫还是电影《安娜与国王》中国王行宫的原型。

05 康卡沾国家公园
泰国最大的野生动物保护区

康卡沾国家公园是泰国最大的野生动物保护区。这里拥有极为丰富的植物群落和野生动物资源,包括非常罕见的巨嘴鸟、绿色阔嘴鸟及大型犀鸟、蛇冠鹰、鸣鸟等400种以上的珍稀鸟类。公园被浓密的热带雨林所覆盖,拥有雄伟奇险的溪谷和山丘,是大自然带给人们的最好的礼物。公园开展了很多生态旅游和丛林探险活动,人们可以在丛林里观鸟赏蝶,或者骑自行车在密林中探险,或者骑大象在溪谷里漫步,或者在激流中泛舟漂流,甚至可以在河畔过夜,享受露营的乐趣。可以说这里每一处都能带给游人惊奇,可以让游人度过一段刺激而难忘的旅程,体验独特的生态之美。

TIPS
Kaeng Krachan Sub-district, Amphur Kang Krachan, Phetchaburi 76170　66-32-467-326　★★★★

06 郜穴
挑战神秘怪异的洞窟

郜穴是一个天然形成的山洞,位于碧差汶里市区的郊外,山洞里的道路狭长而且幽深,是那些对洞窟探险情有独钟的人们最喜爱的地方。洞里的景色以奇异诡谲而著名,突如其来的大熔岩柱,各种形态的石笋、石钟乳,各种颜色的灯光打在岩石之上,更增添了气氛。而山洞中多变的景色也是其魅力所在,在灯光的映照下,随着影子的不断变化,山洞里的景色也会随之改变,或诡异,或恐怖,或惊险,或奇幻。各种各样的影子搭配着岩石,这种奇异的感觉是无法用语言所能描述的。洞里摆放着的各种佛像,让人在怪异的自然景观中感受到泰国无处不在的佛教气息。郜穴是富有冒险精神的人们一定要来挑战的地方。

TIPS
Khlong Kra Saeng, Muang Phetchaburi, Phetchaburi 76000　★★★

07 赵参兰海滨
很受泰国贵族的喜爱

赵参兰海滨是一片海滨度假区,很受泰国贵族的喜爱,很多贵族甚至王室人员来这里度假休养,因此当地人也把这里称作"贵族海滩"。赵参兰海滨的海岸线很长,蔚蓝的海水和雪白的沙滩是这里的特色,沙滩后面就是片片椰林。让人难以想象的是,这条漫长的海滩上竟然没有一块岩石,可以说是天造地设的海滩胜地。躺在晶莹的白沙上,阳光从天空中洒下来,背后是摇曳的树林,海风拂面,看着远处的大海和蓝天连为一体,是说不出的畅快。这条海滩好像上天编织的花环一般,围绕在大海边,清新怡人的景色让人留恋,是名噪一时的知名景点。

 TIPS

 Muang Phetchaburi, Phetchaburi 76100 ★★★

08 拷龙穴
碧差汶里府最大、最漂亮的石窟

拷龙穴位于海拔92米的拷龙山上,是碧差汶里府最大、最漂亮的石窟。拷龙穴是一座天然形成的钟乳石洞,其钟乳石的石龄大多都在亿年以上,而且色彩各异,形状多样,非常美丽。这里还供奉着100多尊古代佛像和一尊大卧佛,在卧佛上还有泰王拉玛五世献给拉玛三世和四世的题词。当阳光透过钟乳石柱照射到这些佛像上,为石洞增添了一种神秘且神圣的气息,让人不由心生敬畏。此外石窟的地上还摆放着很多不知年代的土俑,更增添了不少历史的厚重感。在大自然的巧夺天工之中夹杂着人类历史文化的传承,使得这座洞窟的价值显得异常珍贵。

 TIPS

Cha-Am, Hua Hin / Cha Cha Am ★★★★

09 帕亚那空山洞 赏
海水下降以后的天然产物

TIPS
Sam Roi Yot, Prachuap Khiri Khan 77120 ★★★★

帕亚那空山洞位于三百峰国家公园内，在靠近海岸的一座小岛上，是海水下降以后自然形成的。洞穴十分广阔，景色相当宏伟。洞里供奉着一位高僧的骸骨，并设有佛像供人朝拜，数任泰王都曾经来这里参拜。泰王拉玛五世前来参拜的时候，在这里建造了一座四角形的小型宫殿，精巧别致，它独特的造型和风格使之成为碧差汶里府的象征之一。山洞的顶上有一个天然的通风口，每当太阳升起的时候，阳光会从这里照进来，那时整个山洞都会沉浸在金色的光芒中，连小巧的宫殿都会显得更加金碧辉煌，这种景色让人倍感温馨。洞中安详静谧，非常适合一个人在这里漫步。

10 三百峰国家公园 玩
泰国第一个海岸自然公园

TIPS
Soi Mu Ban Cham Churi 2, Hua Hin, Prachuap Khiri Khan 77150 032-821-568 ★★★★

三百峰国家公园是泰国第一个海岸自然公园，占地约96平方公里。公园中无数石灰岩山峰高耸入云，山上有很多神秘的石窟洞穴，山脚下则是茂密的丛林，海岸旁是一望无际的草原，可以说三百峰国家公园汇集了多种地理环境的精髓。公园内种植了无数珍奇花木，还有超过270种的野生鸟类在此生活，可以说是一个飞鸟天堂。在这里游客们可以获得很大的自由，可以徒步登山探洞，可以在丛林中观察鸟兽，可以乘船出海前往小岛一游，可以在草原上露营野餐。公园的服务相当周到，提供导游、地图以及餐饮等，是爱好徒步的驴友们最喜欢的地方，而多变的地形也吸引了无数电影剧组来此取景。

11 玛雅海湾
自然纯净的美丽海景

玛雅海湾位于泰国著名景区大皮皮岛附近的小皮皮岛上，原先是一处不为人知的秘境，随着莱昂纳多·迪卡普里奥主演的电影《海滩》来此取景之后，迅速名声大噪，一跃成为知名景点。玛雅海湾是一处三面环山的内湾，只有一个狭窄的出海口与外界连接。周围的绝壁高达上百米，壁面平整，好像刀削斧凿过一般，气势非凡。雪白的沙滩上至今还留着当年为电影拍摄而栽种的椰子树和建造的房屋。蓝绿色的海水清澈见底，在阳光的照射下甚至可以看到水下游动的鱼，这也吸引了很多潜水爱好者来此一试身手。玛雅海湾这种纯净自然的景色，吸引了无数游客来此游玩。

TIPS
200泰铢　从大皮皮岛乘船即达　★★★★

12 竹子岛
人迹罕至的美丽海岛

竹子岛也名百岛，位于大皮皮岛北部，是一个无人居住的离岛。由于这里到处都是茂密的竹林，所以被人称作竹子岛。在岛的南部有大量的珊瑚礁，每一次涨潮都会在海岸上留下很多珊瑚的残骸，运气好的话可以捡到很漂亮的珊瑚。由于海下珊瑚礁众多，潜水也就成了这里的主要服务项目，也吸引了很多潜水爱好者前来，在这未知的世界里探险。岛的东部和北部是漫长的沙滩，沙质细软，很少有石头等杂质，让人感觉相当舒服。而且这里阳光充足，是日光浴的绝佳地点。一边晒着太阳，一边看着澄净的海水，真是一种说不出的享受。

TIPS
- 大皮皮岛北部
- 从大皮皮岛乘船即达
- ★★★★

13 通赛湾
大皮皮岛所有美景的精髓所在

通赛湾是抵达大皮皮岛的第一站，这里是皮皮岛上唯一的码头。海湾被大海从两面包围，好像一座天然桥梁搭建在大海之上。两侧白色晶莹的沙滩把陆地和碧绿色的海水连接在一起，片片椰林在沙滩上随风摇曳，可以说大皮皮岛所有美景的精髓都在这里了。由于通赛湾具有得天独厚的交通优势，这里商店、旅馆林立，人潮涌动，是岛上最繁华的地方。到了晚上更是灯红酒绿，热闹非凡，堪称一座不夜之城。从高档的海景餐厅到路边摊、大排档，应有尽有，销售的都是当地新鲜的海鲜产品，简单地烤上一烤就能美味无比。通赛湾是所有喜欢热闹的人不能不来的地方。

TIPS
201/3-4 Uttarakit Rd., Ao Nang, Koh Phi Phi, Krabi 81000 ★★★★

14 蚊子岛
天然的潜水胜地

蚊子岛是大皮皮岛北部的一个离岛，也称作"荣岛"。岛如其名，上面蚊子极多，所以去之前要做好必要的防护才行。蚊子岛上的海滩并不大，但是很精致，被周围的高山围绕在中间，形成了一个天然的潜水胜地。这里海水清澈，透过海水可以看到一条条鱼在一座座珊瑚礁中间来回穿梭。蚊子岛的珊瑚礁是出了名的漂亮，在水下4、5米处就能看到一簇簇的珊瑚丛。在这里可以进行水下浮潜，体验一下在珊瑚群里玩耍的感觉。除了珊瑚，水下还有海胆和海参，这些却是潜水者需要小心的生物。蚊子岛与周围的竹子岛和大皮皮岛一起组成了一个很有特色的景区，无论是谁在这里都可以玩得很尽兴。

TIPS
大皮皮岛北部　从大皮皮岛乘船即达　★★★★

15 蓝通海滩
人迹罕至的幽静海滩

蓝通海滩位于大皮皮岛的北端，由于岛上没有公路，到这里必须乘船，所以和人山人海、喧闹无比的通赛湾相比，这里简直可以说是人迹罕至、冷冷清清。但是另一方面，蓝通海滩非常干净，几乎没有受到人类活动的影响。海水也很清澈，风景并不比其他地方逊色，很适合那些喜欢安静的客人。蓝通海滩上有几个传统的泰式度假酒店，设施先进，环境优美，可以给客人提供热带花园内的私人海滩空间，很受那些喜欢有私人空间的客人的欢迎。此外，和皮皮岛的其他地方一样，水下环境多姿多彩的蓝通海滩也提供各种潜水服务。

TIPS
大皮皮岛北部　从大皮皮岛乘船即达　★★★★

16 维京洞穴
神秘的"海盗据点"

TIPS
从人皮皮岛乘船即达 ★★★★

维京洞穴是小皮皮岛上众多的石灰岩溶洞中唯一开放给游人参观的一个。洞里有很多岩壁绘画，绘画的内容多种多样，有描绘史前人类生活的，有描绘大象的，还有描绘古往今来包括欧洲商船、阿拉伯船、中国大帆船、欧式桅杆船、蒸气轮船、螺旋桨帆船等在内的各种船只的，这些绘画都栩栩如生、形神兼备。相传这些洞窟以前是在附近活动的安达曼海盗的据点，所以也被称作"海盗洞"。这个洞窟还是海燕们生活栖息的地方，高高的洞壁上有很多燕窝，很多胆大的采集工人每天在这里工作，游人能够看到他们辛苦危险的工作过程，因此这个洞窟也有了"燕窝洞"的称呼。

17 罗达拉木湾
全世界数一数二的美景

罗达拉木湾背靠通赛湾，两个海湾之间仅仅隔着一条数百米宽的陆地，步行也仅需5分钟。但是这里却和通赛湾差别很大，二者一静一闹。这个海湾的美景是全世界数一数二的，海面平滑如镜，青绿色的海水清澈见底，人们能清楚地看到各种虾、蟹、鱼在水中游来游去。而每一次涨潮，在纯白细软的沙滩上都会留下很多贝壳和色彩斑斓的珊瑚碎块，来这里淘一些海洋里的宝贝，可以让自己不虚此行。此外，经常有猴子在罗达拉木湾出没，这些猴子胆子很大，不怕生人，经常会向游客讨要食物，因此罗达拉木湾也被人称作"猴子海滩"。不过，和这些猴子打交道可要注意自己的安全才行。

TIPS
Aonang A.Muang, Krabi 81000 ★★★

18 奥南海滩
热闹的海滩

畅游泰国 — 泰国其他地区

奥南海滩距离甲米镇约20公里，是附近地区最热闹的海滩。奥南海滩的海岸线漫长，白色的沙滩一直延伸到远处的石灰石山脉的山脚下。夕阳西下的时候，沿着沙滩漫步，阳光从天空斜射过来，海水轻轻拍打着沙滩，边走边眺望着大海里的小岛，一种浪漫的感觉油然而生。海滩附近则是奥南海滨度假村，度假村由很多泰式三层阁楼构成，共有70多间客房，内部的设施很完备，除了基本的生活设施外，还有游泳池和健身房等。度假村距离海滩很近，出入非常便利，因此获得了很多欧洲游客的青睐。初到这里的人都会产生一种身处欧洲小镇的错觉。奥南海滩周边环境清洁、安静，是人们享受浪漫假期的大好去处。

TIPS
 Ampur Muang, 142 Moo -2 Ao Nang, Krabi 81000
075-637-766 ★★★★

19 莱雷海滩
著名的攀岩运动胜地

莱雷海滩分为东莱雷、西莱雷以及帕囊海滩三个部分，每个部分都不大，海岸线也比较短，原先并不引人注意，但是随着20世纪80年代一位攀岩爱好者的到来，莱雷海滩一跃而成为著名的攀岩运动胜地。海滩周围的岩壁形状各异，地形非常复杂，而且岩壁上没有尖锐的岩石，非常适合攀岩运动。海滩上开设有攀岩学校，即使是从没有接触过这项运动的人也能迅速学会，并且融入其中。莱雷海滩还时常举办攀岩节，各路好手在这里一较高下，展示了这项极限运动的乐趣。海滩另一侧的帕囊海滩上有一个钟乳石洞，里面供奉着海之女神，传说可以保佑出行的船只平安归来，因此很受当地人的膜拜。

TIPS
 Ao Nang, Muang Krabi, Krabi ★★★★

20 诺帕拉塔拉国家公园
泰国当地人的度假首选地

诺帕拉塔拉国家公园是一家海洋公园，公园包括一条海岸和几座海岛，公园的本部坐落在诺帕拉塔拉海滩上，这条海滩全长3公里，海滩上遍布很小的海贝壳，甚至还能发现4000万年前的贝壳化石。海岸是由石灰石形成的，在海水的侵蚀下，形成千奇百怪的形状，从不同的角度看，呈现出变化多端的景色。海滩背后是一片翠绿乔木的丛林，在这片绿色的映衬下，海滩显得更加生机勃勃。这里是很多泰国人举家度假的目的地，在海滩上经常看到一家人或席地而坐，或在海中戏水。公园的路边有很多小吃摊，可以品尝到很多泰国的特色食物。

TIPS
 从奥南海滩乘TUTU车即达 ★★★★

21 兰达岛
著名的旅游胜地 玩

兰达岛位于甲米镇的最南端，被一片珊瑚礁围绕着，和周围几个小岛共同形成了兰达群岛国家公园。兰达岛地形开阔，海水清澈，而且水下有很多珊瑚礁，极其适合潜水。水下鱼类也很多，把面包屑撒进海里就能看到很多鱼儿浮上来争夺食物。各种岩洞、瀑布、热带森林构成了这个美丽的岛屿，人们不知不觉就会把大量的时间花费在这座岛上，而且会有意犹未尽的感觉。岛上有多家高级度假酒店，它们大多利用了岛上秀美的风光，把华丽的酒店和岛上的景色融合在一起，再加上各种丰富多彩的活动，可以满足每一个游客的游玩欲望。

TIPS
🏠 甲米镇最南端　🚤 从甲米乘旅游快艇在兰达岛下　★★★★

22 甲米镇
浓郁的泰式风情小镇

逛

甲米镇地处甲米河的入海口处，是前往热门景点普吉岛和皮皮岛的必经之处，可以说是大海的门户。但是甲米镇本身所特有的浓郁的本土风情也是不容错过的，传统的泰式房屋，村民们悠闲而充实的生活，让人感到一种休闲的气氛。而穿过甲米镇的甲米河也是镇子的重要组成部分，它不仅是村子的母亲河，河本身的风景也很漂亮，缓缓流淌的河流显得安宁而美丽，在河边散步可以看到一大片红树林，树林里还经常有猴子等野生动物出没。河边开辟有渔场，有兴趣的游客可以在这里一尝垂钓的乐趣。这里是外来游客抵达普吉岛的第一站，常常会给游人留下深刻的印象。

TIPS

🚌 甲米机场乘穿梭巴士即达　★★★★

23 虎穴庙
一览甲米风光的古庙 赏

虎穴庙位于距离甲米镇7公里的地方，相传这里曾经来过一位高僧，他收服了住在洞窟里为害四方的老虎，并让它保护以后来这里苦修的僧人们，所以这里就被人称作虎穴庙，也称神仙老虎洞。山洞里至今还留着印有老虎抓痕的石头。庙中供奉的大佛也很精美，佛像神态生动安详，艺术水平极高。此外这里还出土过远古时代的农具、陶器以及刻有佛祖足印的印模等，非常具有历史意义。虎穴庙背后是一座小山，山上丛林密布，山体陡峭，爬上山顶可以远眺整个甲米镇。很多参拜完寺庙的游客都会登上这座小山，体验下"欲穷千里目，更上一层楼"的感觉。

TIPS
🚗 甲米镇内乘TUTU车即达 ★★★★

24 高番本查国家公园
丰富的植物和动物资源 玩

高番本查国家公园是临近甲米的一座国家公园，与单卜哥云国家公园不同的是，这里以丰富的植物和动物资源而出名。公园占地50平方公里，拥有大片的热带森林。森林由很多种热带植物所组成，有高大的乔木，也有低矮的灌木和地面上的蕨类植物。这里四季常绿，散发出自然的气息，可以说是植物的乐园。同时在森林里也栖息着大量的野生动物，不仅能看到猿猴在树木间穿梭，甚至还能看到大象等等。除了植物和动物，公园的流水和瀑布也很有看头，沿着溪水乘船游走在树林之中，看着眼前不断变化的景色，心旷神怡，而这种独特而多变的景色正是高番本查国家公园的特色。

TIPS
📍 170 Mu 4, Tumbol Tubprik, Amphur Muang，Krabi 81000　☎ 075-660-716　 ★★★★

25 宋卡国立博物馆
泰国南部古代艺术文化的集中展示区

　　宋卡国立博物馆始建于1878年，这里原本是当地府尹吴让的府邸，吴让是泰国的华人，因此这座建筑充满了中国风味。白墙红瓦，屋脊上漂亮的飞檐，无一不显示出中国建筑的气息，可见中国文化对泰国南部产生的影响。博物馆主要展示了当地出土的1000多年来的文物，是考察泰国南部的历史和民间文化艺术的重要研究场所。最著名的一件是出土于附近北大年府的印度教主神湿婆的"林迦"塑像，这证实了从古代开始泰国和南亚就有文化方面的交流。除此之外，博物馆还展出了很多泰国南部地区的手工艺品，成为泰国南部古代艺术文化的集中展示区。

TIPS
Wichian Chom, Bo Yang, Muang Songkhla, Songkhla 90000　074-311-728　★★★

26 单卜哥云国家公园
体验探险的刺激和新奇

TIPS
甲米镇内乘巴士即达 ★★★

单卜哥云国家公园距离甲米镇约45公里，整座公园占地121平方公里，主要以石灰石悬崖、洞穴和瀑布而知名。这里的石灰石山体险峻陡峭，十分雄伟，而且有瀑布从山顶冲下，声势浩大，飞溅下来的水流在山下形成了湖泊和溪流。溪流又从石灰岩的洞窟中流出，人们可以坐船在溪水中漫游，穿过一个个洞窟，欣赏洞中千变万化的风景，体验探险的刺激和新奇。溪流的两岸大都是各种热带花草树木，是一处天然的植物园。丛林中野生动物时隐时现，经常会给人意外的惊喜。这一路走过完全没有重复的风景，让人心旷神怡，一点都不会觉得厌倦。

27 Ko Yo岛
宋卡府最具人气的旅游景点之一

Ko Yo岛是地处宋卡府的一座小岛，经由大桥和陆地相连，岛的面积不大，但却是宋卡府最具人气的旅游景点之一。这里是泰国南部著名的手工棉布织物的主产地，这种织物价格便宜，十分耐用。岛上拥

TIPS
在宋卡Th Platha路乘小公共汽车即达 ★★★

有多家手工棉织品作坊，游人们可以参观手织棉布的生产过程，也可以亲手体验一把。Ko Yo岛的果树栽培也非常出名，特产是一种叫做Jampada的菠萝蜜果，味道非常甜美，是绝对不能错过的美食。在小岛的北部还有一家依山而建的民俗博物馆，展示当地生产和生活的传统用具，是当地民俗风情的主要展示区。小岛虽小，但是浓缩了宋卡府文化和历史的精髓，是不可不来的一处景点。

28 汀那苏拉农桥
泰国境内最长的混凝土桥梁 赏

汀那苏拉农桥横跨整个宋卡湖,是泰国最长的混凝土汽车天桥。大桥分为两个部分,第一部分连接了宋卡海岸和Ko Yo岛南岸,第二部分则从Ko Yo岛北岸延伸到对面的考艾海岸。在大桥上可以看到附近的猫岛、鼠岛等充满传说的岛屿,还能看到当地的渔民在湖里泛舟打鱼辛勤工作的场面,每条渔船都以手绘花纹作为装饰,显出一股浓浓的乡村气息。汀那苏拉农桥相当美丽,到了晚上,桥两侧的路灯会全部打开,远远望过去灯火仿佛一直延伸到天边一样,一眼望不到头。这时候整座桥就好像是连接天空和陆地的天桥一般,此时行驶在桥上会有一种"飞天"的感觉。

TIPS
在宋卡Th Platha路乘小公共汽车即达 ★★★

29 撒米拉海滩
宋卡府最有名的海滩 玩

TIPS
Bo Yang, Muang Songkhla, Songkhla 90000　074-322-034 ★★★★

撒米拉海滩在过去很长的一段时间内都是海盗出没的地区,但是现在已经是宋卡府最具盛名的景区。细白的沙滩和清澈的海水是这里最大的特色,这种海天一色的美丽让人难以抵挡。这里也是一处充满了传说的海滩。在海滩上有一座青铜的美人鱼雕像,传说这是一位美丽的当地姑娘为了等待心爱的恋人水手而化成的,也有说这是印度教的大地女神的化身。这座雕像现在成了撒米拉海滩的地理标志。在美人鱼像的附近还有一组猫和老鼠的雕像,传说这两个小动物偷走了中国商船上的神奇水晶,但是却在大海中不幸淹死,最后化作了猫岛和鼠岛,而打碎的水晶则化作了这片美丽的海滩。撒米拉海滩好像拥有魔力一般吸引了无数的游人。

30 合艾
宋卡府的中心城市

合艾是泰国南部城市，靠近马来西亚，经济发达，交通便利，是泰国南部的交通和经济枢纽，因此每年都有很多马来人来这里观光，可以说是宋卡府的中心城市。合艾最著名的景点就是一尊长达35米的卧佛，这是全世界第三大卧佛佛像，是合艾市的象征。合艾西部的象牙瀑布也非常有名，瀑布循着7个台阶顺流而下，然后再分为两道，宛如大象的牙齿，因而得名。在合艾的郊区还有很多表演民族风情的泰南文化村以及景色变化多端的大象泉之穴等著名自然文化景点。在合艾购物十分便利，由于这里是物流中心，商品种类繁多，包括泰国手工艺品、各种干果和棉织衣物等等。可以说合艾是泰南地区最好的旅行和购物天堂。

TIPS

Songkhla 90110 ★★★

畅游泰国 · 泰国其他地区

205

31 素可泰遗迹公园
泰国第一个王朝的首都

TIPS
- Mueang Kao, Muang Sukhothai, Sukhothai 64210
- 055-697-310 乘当地的TUTU车即达 ★★★★

　　素可泰是泰国首个王朝素可泰王朝的首都，这里历史悠久、史迹丰富，由于古代的战乱和天灾，这些史迹如今已经成了遗迹。在素可泰旧城区的中央，集中着大量的历史遗迹，建成了素可泰遗迹公园。公园是素可泰历史的集大成体现。公园入口附近的兰甘亨博物馆详细记载了素可泰的历史，还珍藏了不少素可泰时期的出土文物和雕刻，是人们整体了解这段历史的最好去处，也是参观公园的最佳起点。遗迹公园里有大量的佛寺、佛塔和宫殿遗址，建筑宏伟，气势非凡。公园四处都是佛祖的坐像，可见当年泰国人对佛教的崇敬。这里也是当年素可泰王朝辉煌繁荣的印证。

32 宋卡洛瓷器研究和收藏中心
展现宋卡洛瓷器的历史与技术研究

TIPS
- 素可泰西北方
- 乘当地的TUTU车即达
- ★★★

旧时席撒查那来地区曾经以制作精美的瓷器而闻名，最繁盛时有200余座烧瓷窑厂。在这里先后挖掘出土了数百件瓷器，现今则是宋卡洛瓷器收藏中心的所在地。游人在收藏中心可以欣赏到各种造型精美的宋卡洛瓷器，也可以通过各种珍贵的文物展览和古代资料了解宋卡洛瓷器的制作工艺和当时的贸易路线。如果喜欢，还可以在这里购买精美的宋卡洛瓷器的仿品作为馈赠亲朋的礼品。

33 阿卡与长颈村
领略独特的泰北少数民族风情

TIPS
- 清莱最北方
- 乘当地TUTU车即达
- ★★★

阿卡与长颈村地处清莱北部，是阿卡族和长颈族聚居的村落。这两个民族都是泰北地区的少数民族，长颈族人从小就会在脖子上戴上沉重的铜环，随着年龄的增长不断增加，最多的甚至重达10公斤，因此肩部就在铜环的重压下越来

越低，脖子就显得很长。而阿卡族也被称作黑齿族，阿卡族人全身穿着黑色，由于喜好嚼槟榔，牙齿也呈黑色，因而得名。村子坐落在群山之间，巴掌大的村庄里四处搭建着一座座简陋的茅屋，这是他们居住的地方，屋前屋后都是农田，显出一股原始气息。有兴趣的游客可以购买当地村民的手工艺纪念品，比如铜环、项链、手镯、明信片等等，也可以和美丽的长颈姑娘合影留念。阿卡与长颈村是泰国少数民族的汇集之地，是体验民俗民风的好去处。

34 席撒查那来遗迹公园
素可泰历史的集中地

TIPS

📍 Si Satchanalai, Sukhothai 64190　🚗 乘当地TUTU车即达　🅐 ★★★★

　　席撒查那来遗迹公园距离素可泰遗迹公园约2公里，这里是素可泰历史的另一个集中地。席撒查那来遗迹公园以古代寺庙为主。公园的中心是昌隆寺，这座有800多年历史的古寺的最大特点就是正殿后的塔下有39座大象雕塑，大小比真的大象还要大，让人叹为观止。昌隆寺对面则是7排塔寺，寺里一共有7排33座塔，每座塔的风格各不相同，最中间的主塔"含苞莲花塔"最为精美，宛如一支含苞待放的莲花，而且它的材料竟然是铁矾石。除了寺庙外，公园也展示着大量精美的宋卡洛瓷器，这些瓷器不禁使游人遥想当年兰纳王朝时期素可泰繁荣的盛景。

35 鸦片文史馆
世界上唯一的一座鸦片历史博物馆

　　鸦片文史馆是泰国王室花费重金，耗时13年建成的一座大博物馆，反映了金三角地区长达数十年制作和贩卖鸦片的历史，是世界上唯一一座鸦片历史博物馆，也是警醒人们切勿靠近毒品的教育基地。进入博物馆首先需要通过一条长达100多米的鸦片地道，这里展示着从5000多年前古埃及人开始提炼鸦片起直到现在的各种相关图片、文字资料，可以说鸦片的整个历史都浓缩在这条地道里。博物馆中展示着从世界各地搜集来的提炼和吸食鸦片的工具以及各种资料等，甚至我们还能看到林则徐虎门销烟的图片资料，博物馆还通过影像资料演示了金三角地区成为毒窝的数十年历史以及大毒枭坤沙的生平。博物馆的所有标志全部都是三角形，取"金三角"的意思。在这里游人们会感到十分震撼，通过对这些史料的了解，更加觉得远离毒品、禁绝毒品是多么的重要。

TIPS

📍 Wiang, Chiang Saen, Chiang Rai 57150　📞 053-652-151　★★★

36 宋卡湖
泰国唯一的天然湖泊

TIPS
 乘渡轮或长尾船即达 ★★★★

宋卡湖位于泰国南部，马来半岛东岸，是整个东南亚地区的第二大天然淡水湖，也是泰国唯一的天然湖泊。湖口和大海相连，因此这里盛产各种淡水和咸水鱼类，渔业非常发达。长尾船是这里的特色船种，游人可以乘坐这种船进入湖中游玩。湖中有数百个岛屿，包括猫岛、鼠岛、KO YO岛等。这些岛上盛产燕窝，因此很多当地人以采集燕窝为生，岛上还有大片的水果种植园。湖的四周都是自然公园，种植着大片的棕榈树和漆树，四季常绿，映照着湖水的粼粼波光，十分漂亮。湖的北端还种植着大片的莲花，每当花期，优雅的莲花给风光旖旎的宋卡湖平添了更多神圣的色彩。

37 美斯乐村
泰国的云南村

逛

美斯乐村位于泰国北部山区，它在泰国人的口中有很多别称："泰国的云南村"、"泰国的春城"、"泰国的小中国"等等，无论哪一种称呼，都赋予了美斯乐很强烈的中国情缘，因此格外受中国游客的关注。美斯乐村由当年中国国民党军队残部所建立，他们大多祖籍云南，现在这里的居民也大多可以用汉语和游人交流。由于地处1300多米的高山上，气候宜人，四季如春，有得天独厚的地理条件，所以这里出产高级的乌龙茶，村里也有很多茶叶商店和作坊。美斯乐牌的茶叶在全泰国都非常有名，因此吸引了无数人来这里品尝乌龙茶。随着大批游客的到来，美斯乐人也开始经营饭店、旅馆等旅游项目，小山村逐渐变得热闹起来，但是唯一不变的是浓浓的中国风情和居民们的中国传统。

TIPS

- 清莱西北方
- 055 219416
- 乘当地TUTU车即达
- ★★★★

看点 01 段希文将军墓
吊念原国民党海外孤军93师的师长

段希文将军是原国民党海外孤军93师的师长,他也是指挥建设美斯乐村的人,因此在美斯乐人和一部分泰国人的心里,他是一位很具传奇色彩的将军。段将军的墓地位于美斯乐中心的一座高山上,从这里可以俯视美斯乐的每一个角落。陵墓的入口是一个小小的茶店,这里也曾经是守墓老兵的居所。通过长长的石阶来到墓前,一座白色的亭子出现在眼前,亭子上有两块匾额,分别是段将军的副官雷雨田将军和泰国云南会馆所立。亭子里摆放着大理石的石棺,石棺的前面写着"段希文将军墓"几个遒劲的金字,并刻有泰文和英文。在石棺后面的墙上,挂放着段希文将军各个时期的照片,从中可以一窥段将军传奇的一生。由于段将军在美斯乐人心中的地位极高,所以墓园平时都被打扫得很干净,而且一年四季香火不断。这里也是美斯乐人心目中的神圣之地。

看点 02 泰北义民文史馆
传统的中式建筑

"泰北义民"是对逃亡到泰国境内的原国民党军队被泰国政府招安之后的称呼。这些人通常也自称为"泰北移民"。泰北义民文史馆在美斯乐村以南不远处,在公路边有一座牌坊式的大门,上面用中文写着"泰北义民文史馆"并画着泰王夫妇的图片。进入大门,拐过一个山包就是文史馆主楼了,文史馆前有一个巨大的金色雕像,雕像为一只拈花的手,很有佛教里表达和平的意味。主馆是传统的中式建筑,白墙黄瓦,庄重肃穆。主馆的左右分别为战史陈列室、图书馆和办公室,中间是一个大大的祠堂,里面供奉着段希文等指挥者的牌位。战史陈列室陈列着照片等资料,反映了当年这些国民党残部在泰国的转战经历。

38 大象岛
泰国第二大岛，尚未开发的探险地

　　大象岛也叫象岛，它是泰国的第二大岛屿。大象岛属于热带雨林岛屿，野生动物遍布岛屿，还有悬崖、陡坡和瀑布。大象岛与普吉岛等那些高度开发过的岛屿不同，目前岛上还有70%的区域处于原始状态，是一片开发程度非常之低的陆地，非常适合具有探险精神的游客。虽然大象岛的开发程度较低，但是大象岛的酒店却保持了非常多的数量，而且从星级酒店到家庭住宅应有尽有，更重要的是价格不高，非常适合一家人自由行前往。

TIPS
 泰国东部距曼谷300公里处　 曼谷坐minibus直达Laem Ngop码头即达　★★★★

39 卓旁通寺
保存着佛脚印的寺庙

　　泰国古都素可泰的一处遗迹是卓旁通寺。卓旁通寺的大雄宝殿是三十多年前才盖的，塔是锡兰式的，参观重点则是凉亭中供奉的佛脚印。这对刻在灰石上的佛脚印是从素可泰西南方的大脚印山（Big Footprint Hill）搬来的，大家都相信这是李泰王在1359年发现的，脚印上有108个须弥山上的吉祥图案，这显示佛与广大无边的须弥山已合而为一，因此被人们当做是宇宙的中心。在泰文中，卓旁（Trapang）是"池塘"的意思，通（Thong）是"金子"之意，卓旁通寺就是"金池寺"。

TIPS
 素可泰马哈泰寺以东的湖心小岛上　 乘坐出租车可达

40 沙攀辛寺
大石铺成的似桥长阶

TIPS
素可泰老城内　乘坐出租车可达

沙攀辛寺（Wat Saphan Hin）有一座大石铺成的似桥长阶，200米，虽然还能够通行，但是已经崩落倾圮，让人走起来觉得心惊胆战。沙攀辛寺又被称为石桥寺。高12.5米的阿塔洛佛是一座立佛，高高地站在沙攀辛寺中，伸出右手，默默地保护着这整个城市。据兰坎亨王留下的石碑记载，沙攀辛寺是一位高僧住的地方，同时也是兰坎亨王看地势、替整个城市寻找水源之处，每到重要节日他也会骑着大象来此祭拜。随着佛的手，我们可以看见这块美丽富庶的土地，想象当年的兰坎亨王运筹帷幄的气魄！

41 兰坎亨国家博物馆
素可泰地区综合性博物馆

兰坎亨国家博物馆展示了在素可泰及周边省份出土和收集的物品，对素可泰地区和它的附属城市的艺术和工艺提供了相当不错的介绍。在这栋大博物馆里有着素可泰式佛像和高棉式的雕像以及沙旺卡洛式的陶制品，还有其他从这些地区收集来的考古物品。

TIPS
Muang Kao Sub-district, Sukhothai　乘坐出租车可达
150泰铢

畅游泰国 THAILAND 索引 INDEX

Aldo's Mediterranean Bistro and Wine Bar	059
Anantara Resort Golden Triangle	120
阿卡与长颈村	207
爱乐威四面佛	059
爱与希望之宫	186
安通国家海洋公园	169
奥南海滩	197

Baiyoke Sky Hotel	078
Benchasiri公园	082
Blue Elephant Royal Thai Cuisine	060
Bug&Bee the Café with a Buzz	050
芭东佛寺	146
芭东海滩	144
芭东夜市	145
芭提雅	090
芭提雅四方水上市场	101
芭提雅文化主题乐园	092

白菜园宫殿	081
班翁尼文寺	080
邦考海滩	166
缤纷暹罗剧场	062
波菩海滩	165
博桑雨伞制作中心	119
布帕兰寺	126

Central Airport Plaza	118
查龙寺	137
查武恩海滩	160
柴瓦塔娜兰寺	073
长岛	153
城市之柱	041
嗒努奥岛	182

大城	065
大城国家博物馆	066
大佛海滩	162
大皇宫	034
大理石寺	043
大象岛	212
单卜哥云国家公园	203
蒂芬尼剧院	098
乐邑乐园	096
东芭热带植物园	093
杜喜宫	045

高番本查国家公园	201
搞鬼商场	074
郜穴	189
歌杰岛水上市场	074
国家剧院	042
国家艺廊	042

H

好先生的海鲜	151
合艾	205
红岩和紫岩	182
虎穴庙	201
华欣火车站	187
华欣夜市	187
幻多奇乐园	139
皇帝岛	136
皇家船坞	044
皇太后行宫	113
皇太后花园	113

Indigo Peral	147

甲米镇	200
假日市集	118
建兴酒家	060
江西冷	150
金·汤普逊之家	064
金佛寺	049
金沙岛	101

Khao Kheow Open Zoo	091

Khinlom Chom Sa Phan	048
Khum Khantoke	117
Ko Yo岛	203
卡隆海滩	140
卡马拉海滩	143
卡塔海滩	141
康卡沾国家公园	189
考山路	076
拷龙穴	190
拷汪宫	188
拷帕吊国家公园	147
柯拉丹岛	181
克立博物馆	079
恳记苦茶店	051

拉嘉布拉那寺	067
拉迈海滩	161
拉崴海滩	142
莱雷海滩	198
兰达岛	199
兰花园	114
兰坎亨国家博物馆	213
蓝通海滩	195
涝莨岛	183
里唠岛	179
林真香	052
龙虎园	100
龙莲禅院	085
隆圣骨寺	110
露天美食街	052
伦披尼公园	078
罗达拉木湾	196
罗永府	100
洛布里	071

M

Mango Lagoon	048

玛岛、翠岛和丸岛	180
玛雅海湾	192
曼谷水上集市（丹嫩沙多水上市场）	075
曼谷天文馆	084
曼谷中央火车站	051
湄平河	127
湄沙大象训练学校	116
美斯乐村	210
蒙坤巫碧寺	070
迷你暹罗园	094
苗族村	114
民主纪念碑	046

N

Naatayasala Hun Lakorn Lek	054
那柯岛	178
那通镇	166
纳挽瀑布和欣拉瀑布	167
南园岛	170
宁曼路	125
诺帕拉塔拉国家公园	198

O

On Nut Square夜市	083

P

Paulaner Beer Garten	053
帕安岛	171
帕克蒙海滩	178
帕空市场	083
帕拉苏门古碉堡	046
帕玛哈泰寺	072
帕蓬夜市	054
帕司山碧佛寺	066
帕辛寺	123
帕雅寺	164
帕亚那空山洞	191

攀牙湾	145
皮皮岛	149
蒲屏宫	112
普吉岛	134
普吉山	148
普吉西蒙人妖秀	150
普吉镇	135

Q

七珍佛山	091
麒麟餐厅	065
恰莫海滩	168
乔木提恩海滩	097
清迈大学	123
清迈动物园	115
清迈夜间动物园	115
清迈夜市	120
清迈艺术文化中心	112
清曼寺	124
秋千寺	043

R

瑞士丽凯皇酒店	075

S

Safari World	069
Sirocco	049
Sphinx	057
Sukhumvit House Number1	073
Sunset Bar Garden&Restaurant	047
撒米拉海滩	204
三百峰国家公园	191
三保公寺	069
三面神	081
三王雕像	108
桑仑夜市	053
沙阁寺	063

沙美岛	095
沙攀辛寺	213
珊瑚岛	138
神仙半岛	148
胜利纪念碑	063
双龙寺	111
水门市场	082
斯里纳斯国家海洋公园	146
斯米兰群岛	152
松达寺	109
宋卡国立博物馆	202
宋卡湖	209
宋卡洛瓷器研究和收藏中心	207
苏坤蔚路	061
苏梅岛四季度假村	173
素可泰遗迹公园	206
素岬岛	180
素贴山	122

T

The Gallary Art&Restaurant	117
Tm Yum Kung	047
塔佩门	125
泰国国家博物馆	040
泰国旧国会大厦	064
涛岛	163
汀那苏拉衣桥	204
通赛湾	194

U

Union Mall	080

W

挽巴茵夏宫	068
王宫广场	040
维京洞穴	196
维曼默宫	044

文华东方度假酒店	121
蚊子岛	195
卧佛寺	039
悟孟寺	127

X

西瑞岛	138
席隆村	058
席撒查那来遗迹公园	208
象神夜市	084
信不信由你乐园	092

Y

鸦片文史馆	208
牙岛	179
亚柴蒙考寺	067
茵他侬山国家公园	116
银器工厂	119
印度庙	057
英塔威韩寺	045
云石公园	099

Z

Zazen Boutique Resort&Spa	172
贼仔市场	085
乍都乍周末市场	077
扎都甲公园	079
札都甲周末市集	055
昭披耶河	056
赵参兰海滨	190
真理寺	096
郑王庙	041
中国城	050
周末市场	151
竹子岛	193
卓旁通寺	212
祖父祖母石	162

《畅游泰国》编辑部

编写组成员：

陈 永	陈 宇	崇 福	褚一民
付国丰	付 佳	付 捷	管 航
贵 珍	郭新光	郭 政	韩 成
韩栋栋	江业华	金 晔	孔 莉
李春宏	李红东	李 濛	李志勇
廖一静	林婷婷	林雪静	刘博文
刘 成	刘 冬	刘桂芳	刘 华
刘 军	刘小凤	刘晓馨	刘 艳
刘 洋	刘照英	吕 示	苗雪鹏
闵睿桢	潘 瑞	彭雨雁	戚雨婷
若 水	石雪冉	宋 清	宋 鑫
苏 林	谭临庄	佟 玲	王恒丽
王 诺	王 武	王晓平	王 勇
王宇坤	王 玥	王铮铮	魏 强
吴昌晖	吴昌宇	武 宁	肖克冉
谢 辉	谢 群	谢 蓉	谢震泽
谢仲文	徐 聪	许 睿	杨 武
姚婷婷	于小慧	喻 鹏	翟丽梅
张爱琼	张春辉	张丽媛	赵海菊
赵 婧	朱芳莉	朱国梁	朱俊杰
高 虹	诗 诗	莎 莎	天 姝
郭 颖	晓 红	王 秋	艳 艳

图书在版编目（CIP）数据

畅游泰国/《畅游泰国》编辑部编著. --北京：华夏出版社，2018.3
（畅游世界）
ISBN 978 - 7 - 5080 - 9380 - 2

Ⅰ. ①畅… Ⅱ. ①畅… Ⅲ. ①旅游指南－泰国 Ⅳ. ①K933.69

中国版本图书馆CIP数据核字（2017）第301448号

畅游泰国

作　　者	《畅游泰国》编辑部
责任编辑	杨小英
责任印制	刘　洋
出版发行	华夏出版社
经　　销	新华书店
印　　装	北京金吉士印刷有限责任公司
版　　次	2018年3月北京第1版　2018年3月北京第1次印刷
开　　本	720×920　1/16开
印　　张	14
字　　数	200千字
定　　价	58.00元

华夏出版社　网址：www.hxph.com.cn　地址：北京市东直门外香河园北里4号　邮编：100028
若发现本版图书有印装质量问题，请与我社营销中心联系调换。电话：（010）64663331（转）

考拉旅行 乐游全球